Pindorama
Uma história da civilização animal

Carlos Fernando Verne

Pindorama
Uma história da civilização animal

Haikai Editora

Rua Mil Oitocentos e Vinte e Dois, 654
04216-000 – São Paulo – SP

haikaieditora.com.br
facebook.com/haikaieditora
instagram.com/haikaieditora

A Estrelinha, Caio e Vinicios.

E a todos os leitores...
esse livro não existiria sem a leitura de vocês. Boa diversão.

O objetivo desta obra de literatura política é divertir,
entreter e ao mesmo tempo transmitir valores e ideias.
Educação é tudo, literatura e cultura também.

Por um mundo sustentável.

Contatos com o autor:
E-mail: fernandoverneoficial@gmail.com
Twitter: @Fernando_Verne

BASEADO EM FATOS
imaginários REAIS...

No ano de 1500, os portugueses chegaram com suas caravelas pela primeira vez ao Brasil.

O grupo, liderado por Pedro Álvares Cabral, fez contato com os habitantes locais, trocaram alguns presentes, rezaram uma missa e dez dias depois, seguiram viagem até a Índia.

A chegada de homens brancos, pseudocivilizados, trouxe doenças, escravidão e iniciou-se, ali, a destruição da Mata Atlântica e o tráfico internacional de animais silvestres.

A Nau Bretoa, gigantesca embarcação de bandeira lusa, não esconde o tráfico de animais e de indígenas em seu diário de bordo, que pode ser consultado até hoje.

Embora fosse uma outra época, hoje poderíamos chamá-los tranquilamente de bandidos, mas, no contexto da história, esses homens foram heróis desbravadores do novo mundo.

A história a seguir é narrada a partir do ponto de vista dos animais e descreve como se deram esses acontecimentos, sob a ótica deles e somente deles; quaisquer semelhanças com pessoas ou fatos do nosso tempo será mera coincidência com certeza.

SUMÁRIO

Capítulo 1
O ACHAMENTO DO BRASIL

O sol brilhava incandescente naquela manhã de abril do ano de 1500, no interior da floresta, os animais já percebiam que o vento estava aumentando sua força e a sua velocidade de forma contundente e avassaladora. Algumas árvores mais antigas e outras até centenárias já estavam tombando e derrubando partes de outras consigo no momento da queda.

Os pássaros, como sempre, foram os primeiros a fugir e a se abrigar, antes mesmo que a intensidade da ventania fosse percebida pelos animais da terra. De repente, o sol parecia ter se retirado do céu no meio da manhã e em poucos minutos o dia ficou parecendo um início de noite.

No alto da montanha e na beira do litoral, os bichos que tiveram a oportunidade avistaram ao longe a chuva que vinha chegando trazida pelas rajadas de vento através do oceano. Ela estava acompanhada de raios e trovões e era observada com uma certa apreensão, pois todos sabiam que dentro de mais alguns minutos ela alcançaria a terra firme com toda sua fúria, e logo trataram de buscar um abrigo.

A tempestade entrou no continente pela praia, encharcou a floresta, atravessou as montanhas e passou algumas horas visitando Pindorama, depois foi perdendo força até desaparecer por completo, mas já não havia tempo de ver o sol, pois a lua já estava apontando no outro lado do horizonte. Para alguns, só restava mesmo se proteger dos predadores de sempre e esperar, pois somente seria possível encontrar comida no dia seguinte; foi um dia sem caça e seria uma noite de fome; para outros de hábitos noturnos, seria uma noite difícil, mas não impossível, e eles tocariam a vida quase normalmente.

Na manhã seguinte, lá estava ele outra vez no céu, brilhando incandescente e irradiando luz e calor sobre todos os seres vivos e parecia trazer consigo a renovação da esperança e a certeza de que a força da vida estava pulsando radiante dentro de todos, e já era hora de comer, pois às atividades de sobrevivência do dia anterior foram interrompidas de forma abrupta e prematura pela chuva forte e repentina, e naquela manhã, todos estavam querendo se alimentar bem e tocar a vida para frente.

Nas areias da praia, vários filhotes de tartaruga recém-nascidos, que haviam acabado de sair dos ovos, corriam freneticamente em direção ao mar; no alto das palmeiras bem perto dali vários micos-leões-dourados observavam a movimentação enquanto comiam. Em certo momento, um papagaio pousou em um galho ao lado deles e começou a falar:

— Ora, ora, família esquisita, como vocês estão e onde vocês se esconderam ontem durante a chuva?

— Oi, Verdinho, nós estamos bem e nos escondemos naquela caverna que fica no começo da montanha rochosa — respondeu um mico, que parecia ser o mais velho do grupo.

— Mas, se dependesse de vocês, teríamos sido pegos de surpresa, porque vocês, aves, nem se deram o trabalho de nos avisar, saíram voando rapidinho — reclamou outro mico.

— Pois é, meu amigo dourado, você tem razão, mais é que o nosso instinto de sobrevivência é maior que a nossa amizade, e de mais a mais, ontem eu estava muito longe, do outro lado das montanhas, e quando senti o vento aumentando, só deu tempo de voar até o meu ninho e ajudar minha companheira Doroteia a proteger nossos ovinhos, pois, como vocês sabem muito bem, nós, papagaios, não moramos em ninhos de palha, e sim em buracos que encontramos nas árvores e portanto, geralmente moramos nas árvores mais velhas da floresta, então, ontem vocês nem imaginam o medo que nós ficamos quando aquela tempestade começou, e eu e a patroa já estamos com quatro ovinhos chocando no nosso ninho, então, quando a chuva chegou, não dava mais tempo de ajudar ninguém e eu fiquei ali junto com ela dentro do ninho, aquecendo os ovos e por sorte salvamos todos.

— Que bom, Verdinho, eu fico feliz por saber disso e me desculpe ter reclamado por você não ter nos avisado, eu não sabia que estava tão ocupado — justificou o mico.

— Sem problemas, e agora mudando de assunto, vocês estão vendo aquele albatroz? ele já encheu a barriga e continua atrapalhando a vida dos filhotes de tartaruga, isso me deixa chateado da vida — comentou o papagaio Verdinho, que estava em um galho do opulento coqueiro à beira-mar, junto com os micos e olhavam todo o movimento dos vários caranguejos e das centenas de filhotes de tartarugas que corriam em direção as águas.

— Verdinho, você ainda não viu nada, agora há pouco, apareceu por aqui uma cobra enorme e comeu vários ovos, enquanto os outros filhotes saíam correndo depois de nascer.

— Meu Deus, deve ser um horror nascer assim, você já imaginou, depois de conseguir quebrar a casca do ovo e se libertar para vida, ser recebido de cara por uma cobra engolindo seus irmãos? Isso deve gerar um trauma terrível para o resto dos cem anos que essa cascuda vai viver — especulou o papagaio.

— Não é por nada não, mas eu detesto cobras e acho que nem elas gostam delas mesmas, pois geralmente andam sozinhas e estão sempre de cara amarrada — comentou outro mico.

— O meu pai dizia que uma vez viu uma cobra engolindo outra cobra da mesma espécie – falou o papagaio, horrorizado. E todos fizeram uma expressão de espanto ao ouvir o relato da história.

Não muito longe dali, em um longo trecho de vegetação rasteira, um bando de capivaras se alimentava e ao mesmo tempo conversavam sobre o dia anterior:

— Por acaso alguém viu o Aníbal hoje? — perguntou uma jovem capivara de pelos fartos e coxas grossas.

— Minha querida sobrinha, eu não quero te desanimar e nem estragar o seu dia, mas ontem, um pouquinho antes de a chuva chegar, nós estávamos lá do outro lado da restinga, perto da lagoa, e o Aníbal estava conosco, inclusive ele até me perguntou por você, mas não demorou muito e apareceram duas jaguatiricas e foi um desespero terrível, nós corremos e o nosso bando acabou disperso, e depois disso eu não o vi mais.

— Será que ele foi comido, tia Eunice? — perguntou a jovem.

— Eu não sei dizer, você sabe que nessas horas, não dá para perder tempo olhando e só nos resta correr mesmo, mas não tenho certeza não. Talvez sim, embora houvesse muitas de nós lá, então, ainda é cedo para saber quem elas pegaram, mas, se eu não o vir nas próximas semanas, então terei certeza que sim.

— Tomara que não tenha sido ele, porque eu já estou farta de levar essa vida de solteira e esses meninos daqui são tão parados e sem atitude que, se depender deles, eu vou entrar e sair do cio todo mês e nunca que vou acasalar — reclamou a jovem capivara.

— Fica calma, Clarinha, isso é assim mesmo, não demora muito e a sua hora vai chegar. É só ter paciência e disponibilidade, que sempre aparece um macho interessado, e não esqueça de fazer sempre uma cara de boazinha e delicada, pois isso é o que todo macho adora, e eles evitam e chegam a fugir das fêmeas que reclamam muito, por isso, todo cuidado e silêncio é pouco nessas horas — explicou a velha tia.

— Mas, tia, eu já estou pesando uns 50 quilos, daqui a pouco estou com 70 e depois 80 e aí, já viu, né, só vão aparecer aqueles tipos fora de forma e pesados. Eu tenho que aproveitar enquanto estou com tudo em cima.

— você fala igual a sua mãe quando tinha a sua idade, é incrível como vocês se parecem.

— Tia, me conte mais alguma coisa sobre a minha mãe, eu lembro muito pouco dela, vocês tinham mais irmãs além de vocês duas?

— Sim, claro, nós éramos em nove no total, cinco irmás e quatro irmáos.

— E o que aconteceu com eles? A senhora ainda encontra algum por aí hoje em dia?

— Às vezes sim, mas o primeiro a nos deixar foi nosso irmão mais velho, ele foi pego por um jacaré lá junto à margem do rio. Depois disso, nós nunca mais fomos nos alimentar por aqueles lados. E depois, conforme o tempo foi passando, cada um foi cuidar da sua vida e, no caso da sua mãe, ela não conseguiu sobreviver depois que se machucou fugindo daqueles humanos que vivem lá nas ocas.

— Que pena, mas eu queria mesmo era formar a minha própria família agora... ter uns três ou quatro filhotes por vez, isso seria ótimo a essa altura da minha vida, afinal, eu já tenho quase dois anos de idade — comentou a jovem Clarice.

Enquanto conversavam, as capivaras foram interrompidas por um bicho- preguiça que estava dependurado e quase dormindo em um longo galho de pau-brasil que avançava sobre a restinga, embora seu caule e raiz estivessem a muitos metros na floresta:

— Meninas, por acaso vocês estão vendo aqueles navios que estão se aproximando ali da praia?

De repente, todos olharam em direção ao mar e viram várias embarcações chegando ao litoral. Nesse momento um enorme sentimento de curiosidade e apreensão começou a tomar conta de todos que àquela altura já haviam conseguido avistar aquelas caravelas se aproximando.

— É mesmo, olha aquilo, será que são convidados dos humanos? — especulou uma capivara.

— Eu acho que não, porque eles têm a pele tão branquela, eu acho que eles não são nem parentes dos humanos daqui.

— Que estranho, eu sempre achei que os humanos fossem todos moreninhos e bem bronzeados, nunca tinha visto eles daquela cor.

— Você quer dizer sem cor? Porque aquele moço lá está doente com certeza, olha a cara dele, totalmente hipocorado e com certeza está anêmico, os olhos chegam a estar fundos, parece estar dispneico também, será que o bando dele não percebeu que ele não vai muito longe, vai morrer em breve com certeza?

— O que serão aquelas coisas que eles estão usando para esconder o corpo?

— Eu não sei, mas adorei as cores – comentou outra capivara.

— Parece que eles vão começar a desembarcar agora, será que são mansos? — perguntou a preguiça.

— Bom dia a todos, e não existe humano manso, todos eles são mal-intencionados, eles vivem e sofrem todos da mesma doença — respondeu uma anta que havia acabado de se juntar ao grupo das capivaras.

— Que doença, Pablo?

— O nome da doença deles é intemperismo. E é basicamente o mesmo processo que molda toda a natureza, é o tempo e a pressão das circunstâncias atuando sobre a vida deles, que dita como eles irão se comportar — explicou a anta Pablo.

— Não sei se entendi, Pablo. Explica essa doença melhor para gente pediu uma das capivaras do bando.

— É muito simples, vocês sabem quando às vezes caem aqueles paredões de rocha que pareciam tão presos e firmes nas encostas e de repente desmoronam?

— Sim, sabemos, mas é difícil isso acontecer — observou uma capivara.

— Nem tanto assim, o intemperismo age o tempo todo, ele é um conjunto de processos que levam à formação e transformação de tudo a nossa volta, por isso tudo muda o tempo inteiro, inclusive a nossa falsa sensação de estarmos em terra firme, é tudo ilusão, nada é firme, está tudo se movendo e se ajustando o tempo todo, não existe estabilidade real, exatamente igual aos humanos, por isso não podemos facilitar com eles.

— Eles estão vindo aí, vamos observar de longe, é a coisa mais segura a se fazer no momento — disse outra anta.

Daquele momento em diante, os bichos se afastaram discretamente e ficaram observando o comportamento dos visitantes recém-chegados. Aos poucos eles começaram a desembarcar e, não demorou muito, os habitantes humanos de Pindorama vieram ver o que estava acontecendo. A essa altura, uma gaivota chamada Eneida já havia passado alguns minutos pousada sobre o convés de uma das embarcações e agora estava repassando o que viu e ouviu a bordo da caravela para os seus companheiros ali perto da arrebentação.

— Meus amigos, vocês não vão acreditar, mas é sério, essas pessoas que chegaram estão extremamente ansiosas para saquear Pindorama — disse Eneida.

— Como assim, Eneida? Do que você está falando?

— Olha só, agorinha mesmo, pouco antes de eles ancorarem, eu sobrevoei e pousei no barco deles e os ouvi falando que aqui parecia ser uma terra sem dono e com bastante ouro esperando.

— Ouro, o que é isso? Perguntou outra gaivota.

— Eu não sei, mas deve ser algo que os humanos acham valioso — respondeu Eneida.

— Então nós vamos ter confusão, porque, se for algo valioso, os humanos daqui não vão querer deixar que levem embora – observou uma outra ave.

— Pois essa é a pior parte, porque eles nem sabiam que aqui tinha outros humanos, mas, quando perceberam outros olhando para eles na praia, eles se reuniram rapidamente e uns falavam que deveriam matar todos, outros falavam que era melhor esperar. Depois que eles viram que tinha muitos aqui, eles desistiram do confronto e chegaram à conclusão que era melhor fazer de conta que eram amigos, então combinaram entre eles de se apresentar aqui como amigos, mas eles só querem mesmo é roubar — explicou Eneida ao grupo, que ouvia atentamente.

Não muito distante dali, um casal de onças-pintadas olhava escondido, por entre os arbustos para a pequena multidão de humanos, que estavam reunidos na praia conversando e trocando presentes amigavelmente, e a fêmea disse ao seu parceiro:

— Eu sabia que não deveria ter vindo para esses lados novamente, mas você insiste em se aventurar à toa.

— Minha doce Rosa, por mais que eu não queira admitir, mas talvez você dessa vez tenha razão, vamos embora logo — disse Natan, o parceiro dela.

A onça, que era carinhosamente chamada "doce Rosa" pelo seu feroz parceiro, perguntou a ele, assim que começaram a caminhar.

— Você percebeu a mesma coisa que eu, amor?

— É claro que sim, acho que só os humanos daqui é que não conseguem ver o olhar dos humanos de fora — respondeu ele.

— Pois é, os humanos daqui são muito ingênuos, eles parecem até filhotes na frente dos humanos que chegaram, mas isso é resultado de uma vida fácil, O fato de eles não terem um predador à altura das habilidades deles os prejudicou em outros aspectos; se eles tivessem medo, isso os levaria à prudência e aí eles saberiam ver o que está diante deles e ouvir o que estão vendo no silêncio, e principalmente, saberiam reconhecer o olhar de um predador.

— O que você acha que vai acontecer agora?

— Com certeza é só uma questão de tempo para a matança começar e, como disse você mesma, é bom estarmos bem longe daqui nessa hora.

— É uma pena, mas, por outro lado, talvez alguns deles resolvam adentrar sozinhos ou em pequenos grupos para explorar o interior da floresta, aí a gente pega um por um lá dentro — comentou Natan. — É, mas eles não parecem que são esse tipo de humanos descuidados, eu acho que devem ser muito traiçoeiros e selvagens, e o melhor que a gente tem a fazer é manter a distância e habitar bem longe deles.

O casal de onças-pintadas continuou caminhando em direção ao interior da vasta floresta, e por onde passavam, os outros animais, ao perceberem sua aproximação, se escondiam rapidamente para não serem vistos, enquanto outros fugiam para evitar qualquer tipo de mal-entendido com os felinos.

Ao pé da montanha, alguns bandos de macacos se reuniram rapidamente para discutir o que todos já estavam sabendo, ou seja, havia muita gente estranha chegando em Pindorama e isso nunca tinha acontecido antes:

— Senhores primatas, hoje é um dia *sui generis* na história de Pindorama, quiçá, na história de nossa própria existência.

Enquanto falava, o velho macaco tinha uma expressão facial que mesclava entusiasmo e preocupação, e todos estavam ouvindo em silêncio quase absoluto, que só não era absoluto por conta do ruído que o atrito do vento causava na vegetação e dos inúmeros insetos, que eram os únicos alheios ao perigo que parecia ter aportado na praia, e de alguns sapos que estavam ali perto, tentando atrair as rãs e disputavam quem cantava mais alto. E ele continuou sua fala:

— Precisamos, mais do que nunca, ponderar nas palavras da antiga profecia, pois parece que agora, depois de todos esses séculos que se passaram, ela começou a se cumprir.

Ao ouvirem essas palavras, houve um burburinho generalizado entre os macacos e o silêncio foi quebrado; eles se entreolharam e uns creram serem verdadeiras as palavras do velho Ancião; mas outros, duvidaram e questionaram os motivos de tamanha preocupação, haja vista que os visitantes recém-chegados se apresentaram de maneira cordial e elegante, demonstrando, inclusive, generosidade exacerbada, pois foram vistos entregando até presentes para os humanos daqui, isso sem nunca tê-los visto antes; "mais generosidade do que isso é impossível", arrazoavam alguns. E ao perceber o imbróglio entre seus pares, ele continuou a falar:

— Meus queridos símios, não vamos nos iludir com gestos banais. Nós precisamos estar atentos aos desdobramentos do dia de hoje. Não vamos nos ater ao que está sendo posto diante de nós como sendo a conclusão óbvia. Talvez seja isso exatamente o que eles querem que todos pensemos, porém, nós sabemos que os humanos adoram um factoide, eles são experts em criar arapucas, armadilhas, alçapões... sim, meus amigos, nós conhecemos a natureza deles e, portanto, não devemos nos deixar enganar, tem algo errado e indigesto nessa intrincada salada — concluiu ele.

Os debates continuaram acalorados, e depois de alguns minutos, um macaco-prego, conhecido por todos pela alcunha de Azedo, pediu a palavra e todos ficaram em silêncio para ouvir o que ele tinha a dizer:

— Bom, meus amigos, primeiramente, todos aqui me conhecem e sabem da minha preocupação e do zelo que eu tenho pelo bem-estar da nossa estirpe, então. Hoje não poderia ser diferente, e depois de trocar algumas figurinhas com meus correligionários mais chegados e confabular com meus apadrinhados mais próximos sobre esse fato inusitado que está em andamento agora mesmo lá na praia, eu diria que nós não devemos nos ater às velhas práticas de invocar o medo, para nos desviar da oportunidade que se apresenta diante de nós.

Nesse momento, um intrépido macaco, que ouvia atento as discussões, interrompeu Azedo e o questionou na presença de todos os demais, que ouviam atentamente.

— Mas, Azedo, acho que não é hora de fazer política, nós estamos preocupados é com a nossa segurança.

Azedo então respondeu:

— Aí é que você se engana, meu amigo, essa é a hora em que mais devemos nos lembrar da nossa política, não podemos dar as costas para ela, ou simplesmente tentarmos achar uma solução sem ela, o nosso sistema pode não ser perfeito, mas ele é tudo que nós temos, sem ele, a anarquia e a desordem se instalariam em Pindorama e ninguém deseja isso — ponderou Azedo — e quase todos os presentes pareciam concordar com as observações do arrojado orador e poucos interpretavam o que ouviam apenas como vagas digressões. E ele continuou a sua explanação:

— Eu estou convencido de que devemos abraçar a oportunidade que está diante de nós e desfrutar das benesses de uma amizade cordial com esses novos humanos, tão logo confirmemos que eles não sejam apreciadores de carne de macaco, é óbvio, mas, superado esse entrave, não vejo motivo para tanta desconfiança e, menos ainda, para invocarmos profecias tão arcaicas e démodés e que nunca se cumprem mesmo — concluiu ele.

Nesse momento, o Ancião mais velho entre eles, que também exercia a liderança do grupo, pois fora eleito alguns anos antes para o posto de líder, ficou de pé novamente e tornou a se manifestar:

— Bem, meus amigos e amigas, estava demorando muito para que o meu distinto e jovem amigo Azedo resolvesse destilar suas ideias oportunistas e, como sempre, ele mistura a verdade em meio ao engodo de ideias duvidosas, mas eu torno a dizer para vocês: hoje é o dia que foi profetizado há muito tempo, pelo símio mais respeitável que já viveu nessa floresta, e ele previu que um dia chegariam pelo mar uma classe de humanos que inicialmente se apresentariam como bons amigos, mas, logo em seguida, começariam uma devastação como nunca houve antes na história do nosso mundo e em pouquíssimos séculos a floresta seria reduzida a poucas árvores, que de tão poucas, não seriam suficientes para sustentar a vida, mas a profecia não para por aí, meus queridos; além de derrubar as árvores, ela prevê, ainda, que eles vão extinguir várias espécies de nossos irmãos animais, vão despejar toda sorte de dejetos para poluir os rios, nem o próprio mar escapará da devastação, pois haverá línguas negras avançando sobre as águas de dia e de noite, vão perfurar o solo em todas as direções em busca de riquezas, haverá chaminés queimando o tempo inteiro e lançando fumaça negra eternamente nos céus, vão tornar a vida deles difícil e a nossa, quase impossível; diz a profecia que, quando nós vermos os humanos trazendo outros humanos iguais a eles e os obrigando a trabalhar pelo poder do chicote, isso será o início do fim — concluiu o velho Ancião.

E todos pareciam agora reflexivos ao ouvirem e se recordarem das palavras da profecia.

E mais uma vez Azedo tornou a incitar a macacada, dizendo:

— Meus amados símios, com todo respeito que o nosso querido Ancião merece, mas convenhamos, quem em sua sã consciência vai realmente acreditar que os humanos, sendo inteligentes e habilidosos como são... sim, nós sabemos e não podemos negar, que o problema deles é só uma tênue ausência de caráter, mas tirando esse irrisório defeito, eles não são estúpidos nem irracionais, então, como podemos crer que eles vão sair cortando as árvores de repente, sabendo que elas é que nos fornecem sombra e comida? como acreditar que eles simplesmente lançaram seu esgoto direto nas águas ao invés de enterrá-los? Não, meus queridos, vamos olhar para o futuro com os olhos da esperança, vamos abraçar calorosamente essa oportunidade de progresso que está diante de nós, meus amigos e minhas amigas, vocês não devem se deixar levar pelo emocionalismo, nós devemos ser racionais acima de tudo, não adianta ficarmos presos a esse retrocesso de ideias ultrapassadas sem correspondência com a realidade, precisamos alavancar nosso futuro com as ferramentas que nós temos a nossa frente, e hoje eu acredito, assim como sei que muitos de vocês também pensam como eu, que os humanos que aqui desembarcaram são dignos de cordialidade e, provavelmente, pelo que percebemos em seus adereços e apetrechos, são portadores de segredos para nós ainda desconhecidos, mas que logo, assim que eles resolverem morar de vez por aqui, também conheceremos esse fabuloso progresso e essa forma alegre e cordial de vida, que eles com certeza vivem; é o desenvolvimento chegando, e nós devemos embarcar nessa onda e aproveitar, pois a hora é essa.

E nesse momento, grande parte dos macacos manifestou concordância com as palavras de Azedo e, ao perceber a dissonância entre o grupo, o velho Ancião tornou a dissuadi-los:

— Não, não, meus companheiros, não devemos desprezar a sabedoria dos nossos antepassados, que nos fizeram saber as palavras da profecia. Eu sei que na maior parte do tempo nós temos a impressão de que tudo na vida acontece ao acaso, mas no fundo de nossa consciência, todos sabemos que existem coisas que acontecem perto de nós, que não têm nenhuma explicação lógica. Portando, embora nós saibamos que os humanos sejam um pouquinho mais espertos do que nós, só um pouquinho, ainda assim, devemos ter em mente que a profecia é verdadeira e que, por mais que nós não saibamos o porquê de tamanha burrice, chegará o tempo em que eles agirão como loucos e, se destruíram uns aos outros e, o que é bem pior, antes disso, eles vão desmantelar toda a natureza primeiro e então virá o fim. — falou a velho Ancião e logo Azedo replicou:

— Senhores, por favor, sejamos razoáveis e vamos nos ater aos fatos, afinal, os fatos falam por si mesmos, e nada, absolutamente nada, nos leva a duvidar das intenções dos nossos ilustres visitantes, que estão nos agraciando com sua presença e pelo visto, o que vemos diante de nós é o desenvolvimento, e isso é temido por alguns mas velhos da nossa capela, mas eu garanto para vocês: não há o que temer no desenvolvimento e nem no progresso, pois a vida é isso, a vida é evolução tempo inteiro — concluiu Azedo fervorosamente.

E mais uma vez os macacos manifestaram apoio em sua maioria, apenas alguns discordaram em seu íntimo, mas não se manifestaram, apenas ficaram calados, aguardando o desenrolar da reunião.

— Companheiros, vocês estão se deixando levar pelo embuste, o assunto aqui não é o desenvolvimento ou o progresso, nós falamos aqui da intenção que trouxe esses novos humanos esbranquiçados até a nossa terra, é esse o verdadeiro assunto que nos interessa, mas, como sempre, os interesses de poucos sobressaem ante o interesse de muitos. Não é de hoje que temos observado essas tentativas de chegar à liderança do grupo através de um discurso eclético, que mistura verdades com mentiras bizarras, e agora, parece que chegamos ao auge do absurdo, pois até mesmo a nossa fé está sendo posta em dúvida por essa verdadeira milícia, que espalha devaneios ilusórios entre nós. Vocês não podem desprezar tudo que aprendemos até aqui, tudo que os nossos antepassados nos ensinaram e, muito menos ainda, nós não podemos desprezar a profecia — afirmou o velho Ancião. — E Azedo respondeu imediatamente:

— Mas, meus queridos símios, eu só estou invocando a razão e nada além da razão, para afirmar que não há motivos concretos para crermos nesses acontecimentos estapafúrdios e utópicos que foram profetizados há centenas de anos atras, é óbvio que na época em que foram ditas as palavras desta profecia, pode ser até que isso fizessem algum sentido, mas hoje, é claro, sabemos que tamanha irracionalidade jamais iria acontecer, ainda mais vinda de humanos, então, por favor, penso que já é a hora, e digo isso com todo respeito que tenho pelo nosso Ancião, mas penso que já é a hora de ele se aposentar com todas as honras e benesses do cargo, é claro, e abrir espaço para uma nova geração de líderes, que estejam mais aptos a conduzir os símios a um novo patamar de vida na floresta, o futuro chegou — afirmou Azedo a todo o grupo ali presente, que ouvia atento suas palavras, mas logo o velho Ancião tornou a insistir:

— Companheiros, a coerência nunca foi uma das virtudes cultivadas pelo meu jovem amigo Azedo, e vejo que a sua sede anacrônica pela liderança e sua idiossincrasia exacerbada podem nos levar ao disparate de aceitarmos, passivamente, um possível ardil, que esses estranhos albinos podem estar nos aprontando, pois a profecia é clara, e não há por que nos tornarmos cúmplices das delinquências ambientais que vêm por ai, é preciso que nós tenhamos uma posição firme e, se preciso for, temos que defender Pindorama da ação nefasta e desastrosa desses forasteiros — argumentou o Ancião.

E todos silenciaram pensativos, mas Azedo levantou-se rapidamente a replicar:

— Meus amigos, não podemos nos deixar levar pelo "medo do novo", não queremos desprezar os ensinamentos dos nossos antepassados, mas, verdade seja dita, as profecias são uma miscelânia verbal sem nenhum sentido lógico e racional e, sendo assim, não devemos creditar nosso futuro a uma previsão surreal pretérita que beira ao absurdo, afinal, é obvio que os humanos sabem o valor da terra, o valor da natureza, eles sabem que dependem dela para viver; então é uma bobagem acreditar que esses absurdos vão acontecer e, digo mais: eu acho, com todo respeito, que, quando essas profecias foram feitas, os nossos antepassados deviam ter ingerido algum tipo de bebida fermentada antes, ou mesmo, quem sabe, talvez eles tenham até experimentado aquela estranha erva parecida com o tabaco, que os humanos adoram... sim, meus amigos, porque com certeza só uma mente adulterada pela insanidade poderia conceber umas ideias tão anômalas quanto essas que preconizam arrancar árvores aos milhares, lançar esgoto nos rios e nos mares, isso é tão absurdo, afinal, eles bebem aquela água e se banham com ela também, então não faz sentido algum despejar esgoto ali. Os humanos nunca farão isso, e quanto a fazer escavações no chão à toa. Acho difícil de acreditar, afinal não há nada debaixo do chão além de raízes e minhocas, agora chega mesmo até a ser engraçado essa história de chaminés queimando o tempo inteiro e lançando fumaça até o céu eternamente, aí não dá mesmo para acreditar, é uma verdadeira piada de bom gosto, então, não temos a menor razão para acreditar nessas lorotas proféticas; precisamos sim, é perder o medo de abraçar o futuro, vamos receber o desenvolvimento e o progresso de braços abertos, pois isso será bom para nós, e será bom para Pindorama também.

Houve então grande alvoroço entre os macacos, e uma minoria se manifestou inconformada com a petulância de Azedo, e diziam ser um impropério as palavras do jovem macaco-prego, mas a maioria foi convencida de que já era hora de uma guinada progressiva em terras tupiniquins e, depois de mais alguns arroubos e muita reclamação, o velho Ancião tornou a falar:

— Bem, meus amigos primatas, nessa hora de dúvidas e incertezas, só existe uma coisa a fazer: devemos reunir e ouvir o Conselho de Anciãos, e o que eles nos orientarem, assim nós faremos.

E todos concordaram unânimes, exceto Azedo e um pequeno grupo de aliados à sua volta.

O Supremo Conselho de Anciãos era formado por um grupo de 12 macacos velhos e experientes e que possuíam uma vasta vivência em todas as regiões da mata, montanhas e litoral e conheciam muitíssimo bem todos os aspectos da vida silvestre. Sabiam, inclusive, quais ervas serviam como remédios e quais serviam para alimentação e tinham ainda um ótimo relacionamento com todas as demais espécies, exceto, por óbvio, com seus predadores naturais. Eles eram os responsáveis por deliberar a palavra final em casos de desavenças litigiosas e faziam isso com toda equidade, e todos sempre obedeciam às decisões do Supremo Conselho de Anciãos sem nenhum receio, pois sabiam que eles possuíam a sapiência que só a idade podia assegurar, e o bando os seguia com segurança.

Naquela mesma tarde, depois de alguns minutos de deliberações, o Supremo Conselho decidiu que a coisa mais acertada a fazer era aguardar o desenrolar dos acontecimentos dos dias seguintes com atenção e estarem todos preparados para duas hipóteses: fugir em debandada ou lutar e defender a terra; mas por hora, todos deveriam aguardar, e assim foi feito.

❧

Não muito distante dali. várias araras e tucanos estavam em uma revoada nas imediações do litoral e pousaram sobre um gigantesco jacarandá, onde poderiam discorrer com calma sobre aquela movimentação inesperada e nunca vista em Pindorama.

— Muito bem, meus amigos, o que vocês acharam desses humanos que acabaram de chegar? — perguntou uma a fofoqueira e bem-informada arara conhecida por todos como Azulona.

— Eu ouvi um boato que está circulando entre as gaivotas e estão dizendo que eles são usurpadores e saqueadores, então eu acho que Pindorama não precisa disso — respondeu um tucano que parecia bastante preocupado com situação.

— Eu também já ouvi esse boato, mas confesso que tenho dificuldade em acreditar nas gaivotas e nos albatrozes, pois eles vivem muito próximos às praias e às vezes ficam muito perto dos humanos, quando eles saem das ocas e vêm pescar e nadar no mar, e a convivência já viram, né... todo mundo sabe que humano mente muito, às vezes mente o tempo todo, então eu me pergunto: será que essa tal gaivota não se deixou influenciar por eles e agora inventou essa história só para ter o que falar? — disse Azulona.

— Olha só, no momento eu acho que tudo o que nós temos a fazer é observar, mas de antemão quero preveni-los do pior, pois eu reparei como alguns daqueles visitantes olhavam para as minhas penas e para o meu bico e sinceramente eu não me senti nada confortável, eles chegaram a apontar o dedão na minha direção e olhavam extasiados enquanto eu plainava. Portanto, acho que todo cuidado é pouco com eles — falou o tucano.

— Isso mesmo, os humanos daqui estão acostumados conosco, mas esses que chegaram, nós não sabemos como são, então, vamos nos manter longe e vamos evitar nos expor quando eles estiverem por perto — argumentou outro tucano.

E todos manifestaram suas preocupações e ponderavam que sempre se sentiram seguros e tranquilos em sua convivência com os humanos nativos de Pindorama, que não os caçavam, apenas os olhavam e os ignoravam, apenas as crianças humanas é que vez por outra, queriam lhes tocar, mas não era nada muito grave. Contudo, houve um sentimento de receio generalizado quanto aos visitantes e, por fim, a maioria das aves, entre elas as araras, tucanos, pica-paus amarelos, resolveram se retirar para tentar viver em segurança em outro lugar.

Na sombra do imenso jacarandá, vários veados-campeiros também debatiam sobre os acontecimentos das últimas horas.

— Amigos, nós todos a partir de agora precisamos ter a atenção redobrada, pois já não bastavam os Pataxós, os Tupinambás e as onças, que adoram a nossa carne, agora apareceu toda essa gente nova, que pelo visto, tem hábitos horripilantes — falou um veado.

—Mas por que você acha isso? — perguntou outro do mesmo bando.

— Basta olhar para eles, que você vê o jeito malicioso e a aparência doentia deles.

— Acho que essa região de Pindorama está inviável para nossa sobrevivência, então, eu penso que o ideal seja que nós realizemos uma grande diáspora a partir de hoje mesmo — sugeriu o veado.

E rapidamente todos os veados-campeiros concordaram em partir dali e dispersaram-se para o interior da floresta e, dentro de cada um, havia a consciência de que precisavam fugir para longe para garantir a sua posteridade, a sobrevivência da sua espécie. Daquele dia em diante, poucos ficaram ali; ainda assim, os que restaram evitavam ao máximo serem vistos e capturados pelos humanos.

No alto das palmeiras à beira-mar, os micos-leões-dourados e o papagaio Verdinho retomaram a conversa:

— Meus amigos dourados, eu não quero parecer pessimista ou alarmista, mas vocês já ouviram o boato que as gaivotas estão espalhando por aí?

— Sim, nós ficamos sabendo, aliás, eu acho que a bicharada inteira de Pindorama já está sabendo — respondeu um mico.

— Pois é, parece que o urubu-rei mandou os pombos averiguarem isso direito, vocês sabem que ninguém confia muito nas gaivotas, pois elas chamam muito a atenção, enquanto os pombos são mais tranquilos e discretos e humano nenhum liga para eles; então eles têm mais chances de se aproximar pelo chão mesmo enquanto eles conversam para saber o que está acontecendo — explicou Verdinho.

— É isso aí, estamos todos aguardando — disseram os micos.

E os bichos de Pindorama estavam em alerta, todos buscavam informações a respeito daqueles visitantes inesperados, uns pareciam não ligar para as dez naus e três caravelas que traziam mais de mil estranhos a bordo, mas outros, que eram a maioria, estavam receosos e apreensivos quanto ao desfecho daquela visita, ou seria uma invasão? Ninguém sabia a resposta para o que estava acontecendo e aguardavam atentos por novas informações.

No dia seguinte, as notícias que se espalhavam aos quatro ventos, eram de que, segundo o relatório dos pombos, o grupo de visitantes que desembarcou era liderado por um sujeito chamado Nicolau Coelho, ninguém acreditou nesse sobrenome, pois, como um humano se chamaria Coelho? Mas eles insistiram que era isso mesmo, Nicolau Coelho, e ele foi recebido por um grupo de 18 Pataxós e Tupinambás, legítimos nativos pindoramenses.

Disseram ainda que os visitantes presentearam os nativos com uma carapuça de pano, um gorro vermelho e um chapéu preto e que os nativos lhes deram um cocar de plumas e um colar.

Depois que trocaram presentes, os peladões de Pindorama foram convidados a conhecer a caravela dos visitantes, e lá, foram recebidos pelo líder do grupo deles, chamado Pedro Álvares Cabral, mas havia outros, inclusive um tal Pero Vaz de Caminha, que anotava no papel tudo que estava acontecendo; tinha outro chamado Dom Henrique Coimbra, e esse rezava o tempo todo ao olhar para os corpos nus dos nativos. Ao todo havia mais uns dez: Gaspar de Lemos, Sancho de Tovar, Simão de Miranda, Aires Gomes da Silva, Nuno Leitão da Cunha, Bartolomeu Dias, Diogo Dias, Luís Pires, Simão de Pina e Pero de Ataíde.

Os pombos contaram ainda que, mesmo depois que os nativos foram trazidos de volta a terra, eles ficaram por lá para apurar mais informações e ouviram o tal Cabral conversando com o grupo dele, e ele dizia que aquele achado era magnífico, pois parecia que o rei deles, que se chamava D. Manoel, estava preocupado com um tratado que ele tinha assinado e por isso precisava garantir que seus súditos chegassem aqui em Pindorama, antes que outros viessem para cá, mas, pelo que ouviram, parece que a preocupação deles era um outro sujeito, chamado Vicente Pinzón, que veio antes deles, mas agora eles diziam que isso não importava mais, inclusive xingaram e riram desse Vicente Pinzón; e por fim, os pombos fizeram saber que a montanha rochosa teve o nome mudado para Monte Pascoal, e Pindorama agora passaria a se chamar Ilha de Vera Cruz. E os visitantes combinaram com os nativos que fariam uma confraternização, todos juntos na Praia dentro de dois dias.

E ao pôr do sol os pombos retornaram a terra firme para dormir em seu lar, mas não sem antes repercutir entre todos as novidades mais quentes dos últimos tempos na pacata Pindorama, que agora tornou-se a agitada e badalada Ilha de Vera Cruz.

Capítulo 2

A ASCENÇÃO DE AZEDO

Dois dias depois da chegada dos visitantes desconhecidos a Pindorama, os animais mais atentos já estavam bem-informados a respeito das novidades e acompanhavam, observando discretamente o comportamento dos estranhos. Naquela tarde, os bichos puderam constatar que os humanos visitantes realizaram uma espécie de cerimônia religiosa na praia, que eles passaram a nomear de Praia da Coroa Vermelha, e fincaram uma grande cruz de madeira em frente ao local e pareceram bastante respeitosos naquele momento solene. Contudo, ao anoitecer, eles festejaram com os nativos e pareciam bem menos puritanos do que horas antes e, diante disso, a desconfiança quanto à intenção da visita aumentou entre os animais.

Mas a vida seguiu em frente, e o sol brilhava forte e incandescente quase todos os dias e foi assim que, ao término no décimo dia após a chegada, os animais perceberam que eles estavam de partida e quase todos se sentiram aliviados. Os únicos que não gostaram muito da situação foram os macacos aliados de Azedo, mas, para surpresa de todos, eles perceberam que dois visitantes seriam deixados aqui, mas aquilo já não era tão preocupante. Afinal, eram só mais dois humanos comuns.

Depois que partiram, deixando dois dos seus por aqui, os visitantes sumiram na linha do horizonte, porém, horas depois, circulou a informação de que, além dos dois deixados aqui, havia mais dois tripulantes que fugiram na noite anterior e se esconderam na floresta; ao todo, quatro humanos forasteiros ainda estavam por aqui, ainda não era nada tão preocupante, pois a terra era grande, cabiam mais quatro confortavelmente e a vida continuava.

Os macacos se reuniram mais uma vez e algumas dezenas de micos, saguis, muriquis e macacos-prego compareceram e Azedo mais uma vez pediu a palavra e começou e discorrer sobre suas ideias:

— Muito bem, meus queridos símios, conforme eu havia dito antes, nada aconteceu, os visitantes foram embora, deixaram apenas quatro humanos aqui, então, eu acho que chegou a hora de nós pararmos para refletir melhor a respeito daquilo que desejamos para o nosso futuro — falou Azedo. E continuou:

— É com enorme pesar e com um profundo senso de estar cumprindo meu dever, que eu venho perante vocês me colocar como candidato à liderança em substituição ao nosso respeitável Ancião, pois ele se mostrou assustado e despreparado para enfrentar uma simples situação adversa, que na verdade nem adversa era, pois não aconteceu nada de mais aqui na nossa querida Pindorama, ou melhor, Ilha de Vera Cruz, pois é assim que nossos amigos nos chamam agora.

— Azedo, você está enganado e se precipitando, esses humanos não são nossos amigos, e por que você acha que eles mudaram o nome da nossa terra? — perguntou o Ancião.

— Ora essa, quem liga para nome? O nome não importa, ele é só uma representação, mas não traduz quem somos de verdade — respondeu Azedo.

— Isso não é verdade, Azedo, e eles mudaram o nome porque se acham agora os proprietários dessa nossa terra, foi por isso que eles saíram trocando o nome de tudo — explicou o Ancião.

— Meus queridos, se eles pensassem que eram os donos daqui, então por que passaram dez dias e depois foram embora? — perguntou Azedo.

Nessa hora nenhum dos debatedores sabia a resposta e o bate-boca se prolongou e, depois de alguns minutos, os ânimos se acirraram. O velho Ancião, ao perceber que poderia ser destituído do posto de líder, se concordasse em convocar o pleito, não desejava fazê-lo, mas sabia que, diante da grave crise que se instalou, não poderia optar por não abrir a consulta a todos para que escolhessem. Ele então optou por abrir mão da liderança temporariamente, mas continuaria como líder, apenas permitiria que Azedo deliberasse as diligências que achasse profícuas para a capela e, se tudo funcionasse a contento, então, ele seria considerado oficialmente o novo líder. Após retificada a escolha por todo bando, e todos concordaram, na prática, a partir daquele momento, quem mandava era Azedo, e o velho Ancião passou a ser apenas o líder de honra.

A vida continuou normalmente acontecendo na Ilha de Vera Cruz, a natureza esbanjava riqueza e fertilidade por todos os lados, os bichos se alimentavam bem todos os dias e tudo parecia estar sincronizado para sustentar a vida boa que todos adoravam levar, nenhum animal sentia falta de nada e nem mesmo ouviam os humanos nativos reclamarem de nada.

Logo nos primeiros dias como líder interino do grupo, houve uma grande polêmica e algumas coisas começaram a mudar, pois Azedo havia colocado três dos seus filhotes, para, junto com ele, deliberarem questões mais simples do dia a dia, e isso não agradou a muitos outros do bando, que acharam aquilo indevido, pois os filhotes de Azedo eram considerados muitos novos e sem nenhuma experiência em nada; alguns observavam que eles mal sabiam se dependurar em galhos ainda, porém Azedo continuamente falava e convencia a quase todos de que tudo aquilo era só provisório e que, se não desse certo, ele deixaria a liderança de lado.

Os macacos reclamavam bastante daquela situação, pois percebiam que os filhotes de Azedo, além de muito novos e sem a devida experiência, também costumavam falar bobagens em demasia e muitos no grupo diziam que aquilo colocava o bando em um risco desnecessário. Contudo, mesmo diante das reclamações esparsas, os meninos de Azedo foram permanecendo e, algumas semanas depois, ninguém mais achava que reclamar adiantaria, então, deixaram de lado e seguiram a vida.

No começo do ano seguinte, Azedo conseguiu convencer a maioria dos macacos a aprovar a criação de um pequeno exército que seria formado pelos primatas mais fortes, saudáveis e habilidosos do bando, e esse grupo ficaria subordinado diretamente a ele e não ao Supremo Conselho de Anciãos, e a finalidade do pequeno exército seria zelar e garantir o máximo possível a segurança dos demais primatas, principalmente durante seus deslocamentos pela floresta, pois muitos eram os inimigos que rondavam os símios, dentre os mais temidos havia: as onças; as jaguatiricas, os jacarés; as aves de rapinas e as serpentes venenosas.

Houve certa dissensão entre o Supremo Conselho de Anciãos e Azedo, quanto a quem o exército ficaria subordinado. Contudo, Azedo conseguiu persuadir os conselheiros, argumentando que, em assuntos de disciplina e segurança, seria melhor que só ele fosse responsabilizado e, sobre qualquer problema que desagradasse ao bando, os membros do Conselho cobrariam dele e o destituiriam, mas seria resguardada a instituição do exército em benefício de todos. Ao fim, todos concordaram e o próprio Supremo Conselho de Anciãos deliberou junto a todos do bando que Azedo era o chefe maior do exército de macacos a partir da sua criação.

Conforme os dias se seguiam na floresta, Azedo ia distribuindo as funções e aproveitava essas ocasiões para organizar um grupo de macacos dispostos a lutar e dizia que era importante que os símios tivessem um grupo mais organizado e preparado para enfrentar eventuais inimigos que porventura ameaçassem as famílias símias, afinal, a floresta tinha seus perigos mortais, todos conheciam e sabiam que as onças-pintadas eram felinos algozes e extremamente rápidos na hora do ataque. Fora isso, haviam serpentes lindas e inofensivas e outras exatamente iguais, mas verdadeiramente venenosas; havia também escorpiões, aranhas, aves de rapina, jaguatiricas, e todas essas situações demandavam um mínimo de organização para combatê-los de forma mais eficiente e, assim, Azedo conseguiu formar um pequeno exército de macacos-prego dispostos a seguir suas ordens a todo custo se a hora chegasse.

E o sol brilhava incandescente na Ilha de Vera Cruz, todas as manhãs, exceto quando havia nuvens carregadas no céu; nesses dias chovia muito, mas a vida continuava. Os nativos caçavam, plantavam e cuidavam de suas vidas em suas próprias aldeias, enquanto os animais, por sua vez, se refestelavam na abundante, generosa e farta natureza a sua volta e tinham todos os recursos a sua disposição em perfeito equilíbrio.

Havia um multiforme colorido mosaico aéreo em todas as direções, que era formado por centenas de milhares de papagaios, araras, tucanos, pica-paus, curiós, caburés, mutuns, maritacas, calopsitas, andorinhas e milhões de outras tantas que levavam vida nos céus da floresta, sem contar as do litoral, como as gaivotas, albatrozes e pelicanos. Era uma orquestra perfeitamente afinada e tocando o dia inteiro sem parar nos ares.

No chão existiam uma infinidade de espécies de onças, jaguatiricas, capivaras, tamanduás, antas, veados, e todos se protegiam e se alimentavam como podiam, e tocavam suas vidas sem maiores preocupações.

Mas havia também os perigos que rastejavam à espreita de todos. As serpentes eram consideradas, por todos os animais, as inimigas número um, e ninguém as suportavam, elas eram as "sem amigos". Havia a cascavel, a sucuri verde, a coral, e as que nem venenosas eram, como as jiboias, mas, ainda assim, intimidavam pelo tamanho e semelhança com seus familiares mais peçonhentos.

Tempos depois... Alguns macacos do exército começaram a tirar proveito de sua posição perante o bando e passaram a barbarizar alguns membros do grupo. Eles não poucas vezes, se sentindo legitimados pelo chefe Azedo, agiam com brutalidade e truculência, chegando até mesmo a subtrair alimentos dos demais integrantes do bando.

Dezenas de reclamações chegaram até Azedo, mas ele sempre se esquivava de ser mais enérgico em resolver a questão na hora e sempre prometia que tomaria as providencias cabíveis, mas, na prática, ele não fazia nada e dia após dia a situação parecia se agravar e os casos de abusos e agressões envolvendo macacos do exército aumentavam vertiginosamente.

O número de primatas descontentes com o pequeno exército crescia assustadoramente e a cada dia, argumentos em favor da dissolução do grupo eram cada vez mais fervorosos entre muitos macacos, mas Azedo discursava durante horas seguidas, apregoando uma enorme variedade de assuntos filosóficos e, embutido no discurso, ele fazia a apologia escancarada dos seus aliados e chegava mesmo a afirmar que, sem o exército, os macacos provavelmente seriam extintos pelos predadores naturais.

Muitos, porém, contra-argumentavam. dizendo que até aquele dia, nunca se sentiram ou estiveram em situação de risco e se perguntavam: "Por que agora" não podemos mais viver sem esses trogloditas nos vigiando e nos violentando o tempo inteiro? E muitos ainda diziam ter "mais medo dos macacos do exército do que dos próprios predadores naturais". Mas Azedo dizia que aquilo infelizmente era um "mal necessário" um pequeno e módico "efeito colateral", um "preço baixíssimo a se pagar" para ter a orientação e a segurança que o exército propiciava e, nas palavras dele, era só isso.

Capítulo 3

A CHEGADA DE FERNANDO DE NORONHA E GONÇALO COELHO

E o sol brilhava incandescente como sempre, naquela manhã tropical, quando um urubu-rei sobrevoou a orla após ter retornado de seu passeio aéreo de todas as manhãs e anunciou a todos que vinha vindo gente nova mais uma vez à Ilha de Vera Cruz. A embarcação estava a algumas milhas náuticas de distância da costa, mas, de acordo com a intensidade do vento durante aquele dia, ela provavelmente chegaria aterra pouco depois do anoitecer.

A notícia se espalhou rápido e naquela noite, quando a embarcação se aproximou, todos já estavam sabendo. Ao amanhecer, os macacos se reuniram e um clima de apreensão tornou a tomar conta de todos.

O velho Ancião iria começar a falar, mas Azedo não permitiu que ele se dirigisse ao grupo, pois achou que a manifestação dele não seria necessária e, portanto, só o próprio Azedo falaria e assim fez:

— Queridos símios, vamos manter a calma, pois mais uma vez estamos sendo visitados e não há motivos para alardearmos ou temermos nada. Eu sei que muitos de vocês ainda guardam no pensamento as palavras confusas do nosso Ancião, mas ele não está mais em condições que falar diante de nós. — Nesse momento o Ancião se manifestou:

— Você está errado, Azedo, eu estou lúcido e em perfeitas condições mentais de guiar os símios como sempre fiz, posso não ser tão jovem quanto você, mas também não sou tão estúpido quanto você — falou o Ancião.

Neste momento, Azedo, antes de replicar, falou algumas palavras em particular com seu grupo mais próximo e alguns micos começaram uma estranha movimentação, só depois ele respondeu:

— Meus queridos amigos e amigas, eu estou aqui diante de vocês dizendo que a minha paciência se esgotou e digo isso com toda calma do mundo e quero que vocês tenham também muita calma, pois, a partir de agora, eu sou o líder de vocês e só Deus me tira daqui — gritou ele.

Os macacos ouviram perplexos as palavras de Azedo e aguardaram para ver o que aconteceria com o velho Ancião, e este começou a falar novamente:

— Azedo, você realmente enlouqueceu? Todos aqui sabem que eu sou o líder e você não foi escolhido a nada, então como você acha que pode se intitular dessa forma?

— Eu tenho meu exército comigo, eles é que vão me dar o respaldo para continuar na liderança — respondeu ele.

— Azedo, você, ao criar esse grupo, convenceu a todos que isso era para a nossa proteção e não para assegurar sua ascensão à liderança pela força.

— Isso é verdade, eu criei com objetivo de nos protegermos, mas agora as circunstâncias mudaram — retrucou Azedo.

— Azedo, isso está errado e nós devemos fazer a coisa certa agora, ou seja, vamos nos submeter à votação da maioria e quem vencer será o legitimo líder — argumentou o Ancião, e os macacos concordaram imediatamente com a situação.

Azedo relutou no início da discussão, mas depois de muita desavença, ele teve de concordar em se submeter à votação para ver se seria de fato escolhido pela maioria, e assim os macacos chamaram todos na floresta e combinaram em proceder à escolha em uma semana, e o vencedor seria empossado na presença todos.

Enquanto isso, os pombos relatavam que o grupo de visitantes recém- chegados era liderado por um sujeito chamado Fernando de Noronha e ele parecia muito simpático e generoso também, pois conversou bastante com os nativos e depois os presenteou com vários apetrechos, que pareciam ser algum instrumento de corte, pois eram bem grandes e afiados, e, ao que tudo indicava, ele parecia disposto a passar algum tempo aqui, pois estavam fazendo planos de começarem a construir um enorme abrigo para eles, inclusive, chamavam o abrigo de "feitoria", e os animais frequentemente acompanhavam curiosos e mantendo sempre uma distância segura, eles observavam toda movimentação.

❧

Enquanto o sol castigava os humanos, no entorno do local onde pretendiam construir a sua grande feitoria, a pouca distância dali, as antas e capivaras estavam se alimentando na restinga, todos sempre atentos para se retirarem a qualquer momento, caso algum dos visitantes viesse em sua direção. Durante a conversa, Eunice perguntou a Pablo:

— Pablo, a Angelina não quis vir hoje com você?

— Não, não, ela estava um pouco chateada comigo e então resolveu ficar por lá mesmo — respondeu ele.

— Ela estava chateada com você, meu amigo? Mas o que você andou aprontando para deixá-la assim? — perguntou Eunice.

— Minha amiga, eu apenas fui eu mesmo, ou seja, às vezes um pouco desorganizado, outras vezes fico meio desatento a certos detalhes que são importantes para ela, enfim, agora, que já aconteceu e eu inclusive já me desculpei e disse o quanto ela é importante para mim, só resta mesmo esperar o tempo fazer a parte dele, afinal, uma das únicas coisas que o tempo faz a nosso favor é remover e levar consigo certas mazelas emocionais, como essas que eu acabei de mencionar.

— Bem, meu amigo, esses problemas eu já não tenho, pois dispensei o meu companheiro há muito tempo — disse Eunice.

— Mas, tia, você não se sente muito solitária às vezes, pelo fato de não ter um parceiro? — perguntou Clarinha, que também participava da conversa.

— Às vezes eu sinto sim, minha sobrinha, mas a solidão tem lá suas vantagens, porque na minha opinião é melhor estar só do que estar ao lado de alguém que não te acrescenta nada, apenas te menospreza e te diminui — afirmou Eunice.

— Pablo, por que você acha que os casais brigam tanto e chegam até ao ponto de se distanciarem um do outro?

— Minha jovem, veja bem, essa é uma pergunta bem complexa e para respondê-la seria necessário avaliar o caso concreto, mas, como a pergunta é genérica, ou seja, sem apontar um caso específico, então o que eu posso te dizer é que: não existe uma receita mágica ou transcendental para se ter uma parceria feliz. Contudo, você precisa ter em mente que o respeito é a base de qualquer relacionamento e a comunicação é essencial entre os parceiros. Sem essas duas coisas, qualquer probleminha pode se transformar em um problemão e tem também a questão das nossas idealizações e das projeções dos nossos anseios pessoais nos nossos parceiros, isso é um equívoco que quase sempre acaba em alguma frustração — disse Pablo.

— Mas, Pablo, sem querer insistir no assunto, mas qual você acha que é a melhor forma de se manter a felicidade de ambos dentro de um relacionamento a dois?

— Clarinha, vamos então partir do ponto de vista de que, se o casal foi viver junto, é sinal de que se gostam e isso é o mais importante; depois disso vem, como eu já falei, o respeito e a comunicação e tem ainda a questão da gentileza mútua, que precisa ser resguardada entre ambos e isso significa na prática evitar críticas grosseiras e ofensas, porque isso desestimula a continuidade da relação, pois as palavras podem ferir, machucar os parceiros, muito além do que imaginamos. Além disso, tem também as negociações dos termos, que nada mais são do que os ajustes que a vida nos obriga a fazer de tempos em tempos. Porque, quando nos juntamos a alguém, nós temos um acordo com esse alguém, mas todo acordo caduca, envelhece, porque a vida traz situações novas e sempre evolui, nunca permanece estagnada, por isso o casal precisa discutir de vez em quando os termos desse acordo, para atualizar o que um espera do outro e evitar, assim, surpresas desagradáveis; por isso conversar é essencial e, por fim, é necessário compreender que, quando optamos por viver com alguém, nós fazemos isso porque temos a certeza de que seremos mais felizes juntos com esse alguém, porém, é necessário compreender que a felicidade é ocasional, ela não é contínua, ela é apenas eventual e sempre episódica — explicou Pablo.

A conversa se prolongou ao longo da tarde e, pouco antes de anoitecer, todos se foram para seus abrigos.

Dois dias depois, no interior da floresta, por entre cupuaçuzeiros, caramboleiras, pitombeiras, bananeiras, umbuzeiros entre muitas outras árvores frutíferas, os macacos tomavam seu delicioso desjejum, e o assunto principal na boca de todos era a escolha do líder, que aconteceria em poucos dias e ninguém queria ficar de fora, todos planejavam estar presentes para ajudar a eleger o próximo líder, e de repente Azedo apareceu entre eles e começou a discorrer sobre suas ideias:

— Bom dia, companheiros, como está o café da manhã de vocês? Eu vejo que estão conversando sobre a escolha que farão nos próximos dias, eu estou certo?

E alguns saguis e micos, responderam que sim, enquanto outros simplesmente ficaram calados e Azedo então continuou:

— Meus companheiros, na verdade talvez esse negócio de "escolha pela maioria" não seja a coisa certa a fazer.

E todos os macacos-prego, muriquis, saguis, micos-leões-dourados pararam imediatamente de comer para prestar atenção no que exatamente Azedo estava tentando explicar:

— Bem, amigos, eu devo dizer que tenho muitas dúvidas, isso para não dizer certeza, de que esse método de escolha do nosso líder não é legítimo, tem fraude nisso aí — afirmou ele categoricamente.

Nesse momento os macacos fizeram uma cara de espanto e ninguém entendeu nada, eles se entreolhavam e aguardavam, na esperança de que alguém tivesse a iniciativa de perguntar acerca do absurdo que todos acabavam de ouvir e, depois de uma pausa de vários segundos, um jovem e corajoso macaco barbudo cauda-de-leão finalmente falou:

— Mas, Azedo, nós sempre escolhemos o líder do bando assim. É só levantar o braço quem está a favor e pronto, então, não tem como dar um resultado errado, pois é tudo feito na frente de todos ao mesmo tempo.

E Azedo fez uma cara de sério e nervoso e, com a ajuda de seus apoiadores que inflavam comentários a seu favor, ele começou a explicar:

— Senhores, vejam bem, para começar, nem todos costumam estar presentes no dia em que escolhemos o líder, afinal, todos sabem que a floresta é imensa, são dezenas de rios, cachoeiras, afluentes, tem também a questão das montanhas, o cerrado, o litoral inteiro. Então, por aí nós já desmascaramos um primeiro problema e ao mesmo tempo estabelecemos uma primeira verdade irrefutável que é "nem todos estarão presentes". Depois disso, ainda tem outra questão: entre os que estarão presentes, nem todos têm realmente condições de proceder a essa escolha, pois, para levantar o braço em favor ou contra, é necessário que haja um mínimo de preparo intelectual e cultural. Não basta acompanhar o movimento do companheiro que está a sua frente como sempre costuma acontecer nessas ocasiões. Outro problema é que ainda existe entre nós aqueles acometidos por bursite e fibromialgia, isso sem contar os casos de distensão muscular rotineira e clavícula deslocada, e nesses casos, esses queridos companheiros não podem levantar os braços por não estarem necessariamente bem para isso nesse dia, e não é certo que eles fiquem de fora de exercer um direito deles.

— Outro grande problema é que muitos dos presentes costumam trazer a sua prole menor no dia da escolha e na hora todos levantam os braços, é uma confusão absurda de patas para cima, e eu não estou nem contando com o fato de que tem macaco que é tão desorientado, que levanta o braço duas vezes, ou seja, tanto a favor quanto contra, então é por isso que eu tenho certeza de que tem fraude nesse negócio aí.

Ao proferir essas palavras, Azedo tinha um ar de preocupação e indignação e era sempre apoiado de perto por seus apadrinhados mais próximos e, embora até aquele dia nenhum macaco tivesse posto em dúvidas o método de escolha do líder, a partir daquele momento, alguns começaram a se questionar a respeito da legitimidade da escolha pela maioria, afinal, Azedo era quem estava dizendo e ele sabia o que dizia.

Entre os demais animais, as conversas convergiam sempre na mesma direção, ou seja, a dúvida de todos era quais seriam as reais intenções daqueles visitantes. Na restinga a anta Pablo conversava com as capivaras sobre suas recentes observações:

— Meninas, escutem bem o que eu estou lhes dizendo, acho que dessa vez esses humanos leitosos vão aprontar alguma coisa.

— Mas por que você acha isso, Pablo? — quis saber uma capivara do bando.

— Muito simples, eles chegaram aqui e chamaram os nativos para trabalhar e eles aceitaram sem reclamar, e estão começando a construir uma espécie de depósito grande demais para eles e, sendo assim, só resta saber então: para que eles estão fazendo isso? Essa é a pergunta mais importante a ser respondida neste momento — concluiu Pablo.

De fronte ao morro, a cerca de uns 300 metros depois que terminavam a faixa de areia branca da praia, os Pataxós e Tupinambás trabalhavam pesado e descampavam uma grande área para dar lugar à Feitoria Lusitana e sob as ordens dos visitantes, que coordenavam os trabalhos, mas não pegavam no pesado. Os nativos capinavam em ritmo acelerado e, em troca, ganhavam de presente o direito de usar as próprias ferramentas, de que precisavam, para que o trabalho fosse feito com mais agilidade.

E, durante os trabalhos daquela semana, algumas serpentes fugiram rapidamente, mas outras não tiveram a mesma desenvoltura e acabaram brutalmente mortas e esquartejadas pelos visitantes e nativos, e isso provocou certo alvoroço em meio aos demais animais da região; e somente os sapos, que viviam no manguezal da restinga, não muito distante dali, é que comemoraram o acontecido, todavia, a anta Pablo alertava aos seus amigos de bando, que "tudo que acontecia ali na natureza a céu aberto, estava em um perfeito e delicado equilíbrio e qualquer desajuste traria problemas de difícil previsibilidade", e os trabalhos continuavam o dia todo.

Naqueles primeiros dias, a alimentação dos visitantes era basicamente a mesma dos nativos indígenas, ou seja, comiam mandioca, milho, frutas, verduras, nozes e pescados. Vez por outra, caçavam um javali, um porco-do-mato e até as antas e capivaras já sabiam que corriam perigo se ficassem por perto e, sabendo disso, todos se esquivaram para o mais distante possível dos trabalhos dos humanos.

Na véspera do dia da escolha do líder dos macacos, o clima era de desconfiança, pois Azedo repetiu sistematicamente sua "teoria da fraude" e agora havia muitos membros do grupo se perguntando se aquilo era mesmo a melhor forma de escolha, e uma discussão aconteceu entre um Ancião membro do Conselho e Azedo, enquanto ele fazia um dos seus últimos pronunciamentos antes da escolha que aconteceria no dia seguinte:

— Azedo, você tem falado para toda essa macacada que o nosso método de escolha de liderança não é legítimo, mas você tem provas disso? — perguntou a velho Ancião.

— Não necessariamente, quero dizer, não de forma cabal como quando se costumam pensar em provas de forma convencional, quando se falam sobre as mesmas, mas tenho indícios fortíssimos que substituem tranquilamente as provas — ele respondeu

Alguns dos macacos presentes, que assistiam à discussão, coçavam a cabeça e aparentavam não estar entendendo muito bem o que Azedo estava tentando explicar, e o velho Ancião falou novamente.

— Azedo, se você não tem efetivamente nenhuma prova, então não deveria jamais colocar em dúvida a honestidade da nossa escolha. E sim ficar calado.

E Azedo respondeu:

— É isso que vocês, macacos velhos e influentes, querem de nós, o nosso silêncio, pois só assim vocês continuarão tendo poder de influência sobre nós, mas eu digo: ninguém vai me calar, não vou permitir que me persigam, eu vou denunciar até o fim, pois eu represento o novo e vocês não vão me calar – ele gritou com um ar de vitimado e, logo, seus apoiadores aplaudiram a fala. E o velho Ancião retrucou:

— Azedo, ninguém aqui está perseguindo você e nem querendo te calar, você é livre para fazer e falar o que quiser, mas precisa fazer isso com o mínimo de responsabilidade, caso contrário, você acaba criando uma confusão sem tamanho e isso não ajuda em nada, só atrapalha, e no fim das contas gastamos o nosso tempo discutindo um problema que nem existe de verdade e esquecemos os problemas verdadeiros, como, por exemplo a truculência do exército.

E Azedo se sentiu embaraçado diante da colocação do Ancião e falou, já se retirando do local:

— Companheiros, por hora eu agradeço a apoio que tenho recebido ao longo desses dias, de quase todos vocês, e agora eu adoraria continuar, mas infelizmente já está tarde e é melhor encerrarmos, pois já vai escurecer.

A noite chegou, todos se recolheram rapidamente, e, ao amanhecer, um grande alvoroço tomou conta de todas as espécies de animais que viviam nas proximidades do local onde os visitantes instalaram a sua feitoria, pois, logo nas primeiras horas do dia, várias árvores enormes estavam sendo arrancadas pelos nativos a mando dos visitantes, e os bichos discutiam entre si, tentando entender o que estava se passando.

Já era quase meio-dia, quando o papagaio Verdinho pousou ao lado dos micos e perguntou:

— Rapazes, alguém entre vocês sabe o que está acontecendo?

— Por enquanto ainda não sabemos, mas estamos aguardando por aqui, pois os pombos estão tentando descobrir mais informações a qualquer momento — respondeu um mico.

— E a escolha do líder de vocês, ainda não aconteceu? — perguntou Verdinho.

— O Conselho de Anciãos determinou que adiássemos a escolha para semana que vem, porque hoje está acontecendo essa movimentação estranha aqui e ninguém tem cabeça para pensar em nada, inclusive, tem bicho morrendo à toa pelas mãos dos humanos — falou o mico.

— O seu ninho está seguro, Verdinho?

— Eu espero que sim, pois eu e a Doroteia o escolhemos em uma árvore muito alta e de acesso difícil para os humanos, mas de qualquer forma, eu vou voltar para lá agora, para não a deixar sozinha, pois ela ficou nervosa demais pela manhã quando soube que estavam derrubando árvores.

Distante dali, no lado oposto da restinga, as capivaras e algumas antas estavam assustadas e, depois de fugirem ao longo da manhã por diversas vezes, elas finalmente puderam parar para se alimentar e aproveitavam para se inteirar sobre aquela situação.

— Amigas, eu nunca tinha visto os humanos tão desajustados iguais aos de hoje de pela manhã — comentou a capivara Eunice.

— Pois é, o que será que deu neles para eles resolverem cortar tantas árvores daquele jeito? — comentou outra capivara.

— Eu não sei, mas acho que eles enlouqueceram, afinal, ninguém em seu juízo perfeito arrancaria uma árvore do chão à toa, isso é coisa de humano retardado mental — comentou Eunice.

— Você acha que a profecia que circula no meio dos macacos está certa, tia? — perguntou Clarice.

—Sinceramente, minha sobrinha, eu não sei, mas espero que não, afinal, se tem um bicho que eu acho que é tão louco quanto são os humanos, esse bicho são os macacos — respondeu Eunice.

— Bom, tia, eu só espero que, haja o que houver, o mundo pode até acabar, mas não sem antes algum macho chegar em mim — falou a jovem Clarice.

— Você ainda está pensando nisso, minha querida? — perguntou a tia.

— É claro, tia, afinal, eu acho que o sentido maior da vida é esse, o acasalamento, e no fundo, tudo que nós fazemos é pensando nisso — concluiu ela.

No alto de um penhasco, Natan observava um indígena e dois visitantes que estavam retornando por um estreito caminho, que eles mesmos haviam aberto na floresta há minutos ; de repente, sua parceira Rosa apareceu atrás dele e também começou a observar, e em seguida perguntou:

— Querido, tem certeza disso?

— Você me conhece, então, se quiser me acompanhar fique à vontade — Ele respondeu e saiu andando e se preparando para atacar, e tinha o olhar fixo nos humanos.

O casal de onças-pintadas começou a se aproximar dos humanos rapidamente e faziam muito silêncio; quando estavam bem próximos, elas agacharam e andavam muito vagarosamente e tinham todo o dorso esticado e prontas para dar um salto e um bote ao mesmo tempo. Minutos antes de os humanos chegarem em um largo aberto já próximo à praia, um dos visitantes ficou para trás, pois parou para pegar um pouco de água na bolsa que carregava consigo. Nesse momento, Natan e Rosa avançaram direto no pescoço do homem, que não teve tempo de fazer mais nada.

Ao perceberem os gritos de horror e dor do homem, bem como ouvir o esturro das onças, todos correram para se proteger, e depois desse episódio, os visitantes ficaram mais vigilantes em relação aos animais do lugar.

No final da tarde, os pombos relataram para os demais animais que, pelas conversas que ouviram, o tal Fernando de Noronha tinha recebido permissão do rei dele para explorar a Ilha de Vera Cruz, e segundo o que eles apuraram, Noronha havia feito um acordo de trabalho com os nativos, que consistia em: os nativos trabalharem e ele ficar olhando e, em troca, os nativos ganhariam as ferramentas para executar o próprio trabalho, mas o que mais indignou a todos foi saber que os humanos queriam retirar dali todas as árvores ibirapitanga, porque elas tinham a brasilina vermelha e eram também uma madeira de ótima consistência e qualidade. E era isso que eles queriam; mas os pombos alertaram ainda que, segundo as conversas dos marujos branquelos, que eles ouviram, muitos deles estavam fazendo planos de capturar animais silvestres, principalmente pássaros, e já estavam planejando armadilhas para isso, outros diziam que iriam atrás da pele dos felinos e até dos macacos, mas isso eles falavam escondido do Noronha e, por fim, todos agora sabiam a intenção dos visitantes, mas muitos se recusavam a acreditar, por achar aquilo absurdo demais para ser verdade.

Capítulo 4

O GOLPE

No dia seguinte, os macacos se reuniram e todos discutiam a situação das árvores:

— Senhores macacos, os acontecimentos de hoje mostram claramente que a profecia começou a se cumprir — disse o velho Ancião.

E todos se mostraram relutantes e pensativos diante das afirmações do Ancião, mas Azedo, imediatamente, começou a replicar:

— Meus queridos companheiros, não vamos nos precipitar, é bem verdade que os humanos derrubaram algumas árvores, mas isso não quer dizer muita coisa. — Enquanto replicava, ele gesticulava com os braços e se esforçava para transmitir aos ouvintes uma imagem de calma e serenidade, muito embora estivesse extremamente irritado e impaciente com aquela situação.

— Azedo, como você ainda tem o desplante de afirmar uma coisa dessas? Você já sabe e todos nós já sabemos que eles estão atrás das árvores ibirapitanga e, se eles forem levar a cabo essa intenção, nós vamos perder milhares de árvores, e todos nós sabemos que cada uma delas sustenta uma série de outros seres, então, o prejuízo para nossa terra será incalculável —afirmou o Ancião.

— Mas não é bem assim — justificou Azedo.

— Como não é bem assim? Não existe justificativa nenhuma para cortarem tantas árvores, isso é uma verdadeira violência contra a própria lei da vida, nada justifica isso, Azedo — explicou o velho Ancião. — Mas Azedo logo retrucou:

— Amigos, eu não estou aqui querendo justificar o que os humanos estão fazendo, eu só estou aqui dizendo que nós não sabemos ao certo por que eles estão fazendo isso, e sendo assim, devemos presumir que eles devem ter um bom motivo para proceder desta forma, senão não fariam isso.

— Azedo, por favor, você está extrapolando todos os limites de razoabilidade e coerência símia, portanto, pare de agir pensando só em si mesmo e no seu clubinho e pense na floresta como um sistema vivo e dinâmico que ela é. Onde a interdependência de todos leva ao bem-estar de todos e ao contrário disso, ou seja, se você agride, danifica ou destrói qualquer parte do sistema, todos de uma forma ou de outra vão sofrer as consequências dessa barbárie — explicou o Ancião.

E Azedo tornou a retrucar:

— Meus queridos símios, eu acredito que o pior erro que nós podemos cometer na nossa conduta diante da vida é quando nós, mesmo sem saber, julgamos os outros sem ao menos dar a eles a oportunidade de entendê-los, isso é algo reacionário, é hediondo, um símio jamais deveria se portar desta forma tão vil, tão preconceituosa. Eu vou repetir: nós não devemos nos precipitar, sem entender de fato por que eles estão precisando tanto das nossas ibirapitangas.

Os macacos ouviam o debate e aguardavam alguém do Conselho para ver qual seria a resposta a ser dada acerca das ponderações de Azedo e, não demorou, outro Ancião respondeu:

— Amigos, está cada vez mais difícil falar para uma juventude transviada, existem coisas que nós não devemos nem discutir, pois são princípios, dogmas e são tão sagrados e tão imutáveis, que não deixam margem para conjecturarmos nada, assim é a vida, e as árvores são a vida, portanto. Não existe nada que alguém vá inventar ou conjecturar que vai conseguir justificar o atendado que tirou a vida de parte integrante da nossa floresta hoje. E tem mais: hoje nós ficamos sabendo que eles querem as ibirapitangas, mas, amanhã, quem nos garante que eles não farão a mesma coisa com os jacarandás, com os mognos, os ipês, os jequitibá-rosas, as perobas, os cedros?

Nesse momento vários macacos pareciam concordar com as palavras do velho Anção, e Azedo, ao perceber que não estava tendo êxito em convencer a maioria, resolveu então assumir o controle total do bando e deu ordens aos seus macacos do exército para não mais permitirem que os Anciãos se manifestassem e em seguida, ele se dirigiu à multidão de macacos ali presentes:

— Senhores símios, a partir de agora, eu estou instaurando uma nova ordem do dia aqui entre nós primatas. Eu declaro neste momento o fechamento do Supremo Conselho de Anciãos, pois, a partir de hoje, começa um novo tempo, um tempo em que cada um de vocês será um Anção, um tempo em que os desmandos do passado não vão emperrar o nosso futuro.

Nesse mesmo momento em que ele falava, um grupo de macacos muito fortes, sob as ordens de Azedo, cercaram os velhos macacos Anciãos e os advertiram de que eles deveriam aceitar ser conduzidos para outro lugar gentilmente; caso contrário, o grupo de exército teria que usar a força. Os velhos Anciãos, temendo por sua própria integridade física, se deixaram conduzir pacificamente pelos comandados de Azedo.

De repente, um macaco que estava sentado um pouco mais afastado, perguntou em voz alta:

— E quem não concordar com isso faz o quê?

Azedo, então, respondeu:

— Os macacos do exército darão uma surra muito bem dada e depois serão expulsos para irem viver bem longe de nós. — ele explicou.

A partir daquele momento, poucos macacos ousavam se mexer, alguns começaram a se deslocar de seu lugar bem devagar e procuravam um caminho para deixar o grupo e, enquanto intentavam fugir discretamente, ainda ouviam o restante do discurso de Azedo:

— Senhores macacos, muita coisa vai mudar a partir de hoje na nossa floresta, a nova ordem do dia é um instrumento que vai ajudar a devolver a cada um nós a verdadeira natureza símia que nos foi deturbada por muitos anos, mas, agora, nós vamos restaurar todas as coisas e colocá-las no seu devido lugar. Será uma liderança de paz, liberdade, fraternidade e ordem — gritou Azedo e logo foi aplaudido por meia dúzia de micos que estava ao lado dele. E o discurso continuou:

— Amigos símios, não importa a dificuldade que nós venhamos a enfrentar por causa do corte dessas árvores, inclusive, acabei de pensar em um nome para o meu plano de liderança e ele agora vai se chamar "O caminho da pauperidade", e essa minha liderança será uma rápida transição para uma democracia mais justa do que a anterior, e o meu procedimento será sem tergiversações no processo de escolha de um outro símio a quem entregarei o cargo, assim que estivermos prontos para escolhermos outro alguém.

Após o seu discurso, Azedo se retirou do local, escoltado por vários micos, enquanto, ao mesmo tempo, os membros do Conselho de Anciãos eram levados com certa truculência para o outro lado da montanha.

No dia seguinte, os animais estavam bastante agitados, pois os humanos haviam conseguido aprisionar várias aves e as estavam mantendo em cativeiro e haviam conseguido matar três onças e estavam retirando-lhes a pele e deixando curtir ao sol.

Alguns dias se passaram, e Azedo se reunia todos os dias pela manhã com o seu cercadinho de confabulados, correligionários e apoiadores mais próximos e, na parte da tarde, ele se reunia com a bando e aproveitava para as oportunidades para desautorizar tudo aquilo que, ao longo do tempo, o Supremo Conselho havia orientado o bando a proceder de acordo.

Enquanto isso acontecia no interior da floresta, na beira do litoral os humanos trabalhavam pesado, mas, mesmo assim, nem tudo estava dando certo na Feitoria Lusitana, pois os pombos relataram que o chefe Noronha estava bastante zangado com o desenvolvimento dos trabalhos, e que, segundo ele, os nativos estavam fazendo o que ele chamou de "corpo mole" e por isso, o ritmo estava muito lento, e Noronha reclamava que precisava do triplo de toras de madeira já prontas para embarque, quando viessem buscar; mas, ao se queixar com os nativos sobre aquela vagarosidade no trabalho, eles não demonstraram nenhum interesse em melhorar, pelo contrário, falaram para os visitantes que já estavam trabalhando muito e que nunca em suas vidas trabalharam tanto e não estavam acostumados a isso.

E Noronha ficou muito irritado com aquela rebeldia dos nativos, afinal, eles estavam ganhando vários presentinhos e lembrancinhas em troca do esforço hercúleo que estavam fazendo para arrancar e transportar aquelas toras imensas de madeira até a feitoria. Ele esbravejava palavrões e convocou seus secretários para uma reunião urgente a portas fechadas e disse que resolveria aquele problema com os nativos por bem ou por mal, mas o teor desta reunião os pombos não souberam informar, pois as portas foram trancadas e eles não puderam ouvir.

Dias depois, no interior da floresta, Azedo despachava com seus apoiadores mais próximos, e na sua "ordem do dia" havia uma instrução clara para que o exército surrasse qualquer primata que fosse visto praticando alguma saliência com outro do mesmo gênero, não importando a raça.

Contudo, essa "ordem do dia" encontrou uma forte resistência, mesmo por parte do que Azedo chamava de seu núcleo duro de apoiadores, pois eles se mostraram receosos em levar a cabo aquelas instruções, já que aquela era uma prática afetiva considerada, até então, puramente instintiva e natural entre várias espécies de animais, e ninguém nunca tinha achado algum problema naquela situação. Mas Azedo explicou aos seus apoiadores que aquele comportamento entre dois machos ou duas fêmeas, a partir daquela data, era antinatural, não importando que tenha sido natural e até corriqueiro até aquele dia, afinal, o importante era a vontade da maioria e, se a maioria preferia estar com o parceiro do sexo oposto, logo, conclui-se que a minoria deveria se submeter à vontade da maioria; e, depois de algum tempo de explicação sobre a exatidão infalível da matemática, quase todos concordaram que os salientes deveriam ser surrados e banidos do grupo.

Os macacos viviam um clima de medo generalizado: de um lado, havia os humanos visitantes, que estavam começando a caçá-los e, segundo os pombos informaram, eles queriam ver se conseguiam pegar os macacos recém-nascidos para criá-los perto de si e depois vendê-los quando voltassem para casa; por outro lado, a vida em bando já não era como nos velhos tempos da Pindorama do Supremo Conselho de Anciãos, pois agora Azedo liderava com mão de ferro, que ele próprio intitulou de "mão amiga", e a vida piorava um pouco mais a cada dia.

A anta Pablo estava se alimentando próximo à restinga com suas amigas capivaras, quando de repente observaram uma humana correndo e atrás dela havia dois visitantes que a perseguiam. Alguns metros após a restinga, começava a vegetação mais densa e, ali, os visitantes conseguiram alcançar a nativa.

Os animais ficaram espantados com o comportamento dos humanos, pois perceberam que eles forçaram a nativa a acasalar com eles.

Diante do episódio, Pablo comentou:

— Meninas, vocês podem ter certeza de que isso vai dar um problemão e não vai demorar muito!

— Será, Pablo? O que você acha que os nativos vão fazer quando descobrirem? — perguntou Eunice.

— Olha, o que eles vão fazer eu não sei, mas com certeza não será uma coisa boa, e essa não é a primeira vez que isso acontece, pois os visitantes estão indo todos os dias visitar as nativas enquanto os nativos vão se embrenhar na floresta para arrancar nossas árvores, então, é só uma questão de tempo até eles descobrirem, e aí vai dar briga com certeza — explicou Pablo.

— Pois é, nem eu acho que acasalar assim, sendo forçada, deve ter alguma graça, afinal, o acasalamento deve ser um momento mágico e o mais importante da nossa vida — disse Clarinha, a jovem capivara.

Na semana seguinte, vários nativos não se apresentaram para o trabalho e, como os visitantes não gostavam de trabalhar, preferiam só mandar, Noronha deu ordens para que fossem até a aldeia para buscá-los, mas, ao chegar lá, eles descobriram que grande parte dos nativos estava com fortes dores musculares, tosse seca, febre, coriza e muitos apresentavam manchas avermelhadas no rosto, com um discreto relevo, e em outros as manchas já estavam se espalhando por todo corpo.

Diante daquela situação, os pombos informaram que Noronha resolveu adentrar mais a fundo nos rincões da floresta, para encontrar outras tribos que estivessem dispostas a trabalhar em troca de souvenirs.

Ao saber que os visitantes sairiam de sua zona de conforto no amplo litoral a céu aberto, de onde tinham uma visão privilegiada de quem se aproximasse, e agora iriam adentrar a floresta de mata fechada, alguns animais perceberam que aquela seria uma ótima chance para reduzir o número de agressores brancos, já que, para os visitantes, aquele era um território hostil; mas, como ninguém se habilitou para a empreitada, deixaram essa ideia de lado.

E o sol brilhava incandescente e absoluto, pois não havia nem uma única nuvem no céu disputando espaço naquela manhã quando os visitantes foram praticar seu desbravamento de território atras de mão de obra qualificada para fazer trabalho braçal, e, guiados por um nativo que ainda estava saudável, eles conseguiram localizar uma outra aldeia e então fizeram uma proposta de trabalho, que imediatamente foi rejeitada, haja vista os nativos informarem que, embora os visitantes fossem bem-vindos, a comunidade deles vivia muito bem e tinha um ótimo estilo de vida, de subsistência, sem compromissos com ter que acordar cedo, cumprir horários, obedecer a ordens, isso sem contar o fato de serem minimalistas, então, não gostavam muito de ter bugigangas e quinquilharias, porque essas coisas, diziam eles, " precisam de uma limpeza vez por outra, senão viram depó sito de poeira e ácaros," e isso era considerado, por eles, insalubre.

Os animais que estavam próximos à feitoria na manhã seguinte puderam ouvir que os visitantes agora planejavam usar a força para obrigar os nativos a trabalhar para eles na destruição da floresta e, naquela mesma semana, puderam acompanhar, observando de longe, que muitos nativos começaram a morrer de causas naturais, e até os mais jovens que tinham tido contato com os visitantes, estavam sem muita sorte, pois as causas naturais estavam muito agressivas e não estavam poupando nem as mulheres e crianças.

Os pombos relatavam que, a cada dia de trabalho perdido na feitoria, Noronha ficava mais furioso e agora ele estava disposto a fazer qualquer coisa para conseguir nativos que cortassem e transportassem as árvores até a feitoria para ele, pois ele mesmo não gostava de se expor muito ao sol, inclusive vivia repetindo que aqui a terra parecia quente como as brasas do inferno.

E o terror passou a habitar no paraíso. Os animais percebiam que sua paz e tranquilidade tinham terminado, e não era só a vida e a liberdade deles que estavam em risco, nativos humanos também estavam sofrendo na mão dos visitantes. Agora, todos já sabiam que eram ladrões e vieram para enriquecer e explorar.

Agora que o ritmo de trabalho tinha diminuído por falta de nativos para trabalhar de boa vontade, os pombos informaram a todos que ouviram Noronha dizendo que faria um "pé-de--meia" para complementar sua renda, capturando animais silvestres e até humanos nativos para fazer o que chamou de "leilão" na terra dele, e assim, os animais e os nativos agora corriam grande perigo de serem sequestrados, e alguns tinham o coro retirado inteiro do corpo, outros, como as aves, eram mantidos vivos em pequenas gaiolas, aguardando a dia da partida.

No interior da floresta, a vida seguia seu curso quase normal e, embora houvesse uma sensação de incômodo e desconforto social, por conta da aproximação atroz dos visitantes agora indesejados por todos, não havia nada que pudesse ser feito a respeito, e todos sabiam que apenas os nativos humanos teriam legitimidade e destreza para impedir que aquela situação de sucateamento e devastação da natureza fosse adiante, mas, conforme os dias foram se passando, todos os animais perceberam que nada seria feito em favor da terra e, para desapontamento geral, os nativos estavam colaborando passivamente para o desmanche florestal.

Às margens da lagoa, que ficava a uma razoável distância de onde fora erguida a feitoria, as capivaras e algumas antas se juntavam para sua refeição e aproveitavam para pôr a conversa em dia.

— Meninas, vocês perceberam que os humanos nativos estão parecendo tristonhos? — perguntou uma capivara em meio a algumas delas, e logo outra respondeu.

— Eu também percebi isso: antes de os visitantes chegarem aqui, os nativos viviam cantando e sorrindo, e viviam mais felizes e tranquilos, mas agora eles estão sempre ocupados e parecem estar mais nervosos também, pois estão sempre brigando e discutindo entre eles, coisa que não acontecia antes de os visitantes aparecerem.

— Bom, senhoras, a verdade é que os nativos provavelmente estão começando a sofrer as primeiras consequências do parasitismo e, infelizmente, no caso deles, isso é só o começo — disse Pablo.

— O que é exatamente esse negócio de parasitismo, Pablo? Por acaso é alguma doença?

❧

— Pode-se dizer que sim, mas não necessariamente. É mais uma espécie de estilo de vida, eu vou explicar melhor. O parasitismo acontece quando, grosso modo, uma espécie se aproveita da outra e passa a retirar recursos essenciais à sobrevivência da outra, que acaba sendo prejudicada nessa relação desarmônica. No caso dos nativos, eles estão servindo de hospedeiros e os visitantes estão sendo os parasitas e, mesmo eles parecendo ser iguais, isso é só o que parece, mas são diferentes, pois os visitantes têm uma erudição que trouxeram do seu berço, enquanto os nativos daqui não têm nenhuma qualificação, e isso os torna indefesos diante da vida.

— O que é exatamente essa qualificação, Pablo?

— A qualificação a que eu me refiro nada mais é do que o preparo profissional, o conjunto de informações que o humano precisa ter, pois sem isso ele se torna uma presa fácil, exatamente como está acontecendo agora diante desses visitantes, que são bem mais preparados para enfrentar os desafios da vida, e eu diria até mais: sem uma qualificação mínima, eles não têm chance alguma diante das dificuldades da vida.

Será que esse negócio de parasitismo mata, Pablo?

— Pode até ser, mas isso leva tempo. O problema é que a qualidade de vida é prejudicada sobremaneira e isso traz uma série de problemas, que vão se somando no dia a dia e, sendo assim, começam a afetar também a saúde mental dos envolvidos. É por isso que vocês estão percebendo que os nativos estão mais nervosos, estressados, eles brigam entre si com uma enorme facilidade, estão andando cabisbaixos e com o semblante descaído, e antes não eram assim, isso já deve ser consequência das pressões do dia a dia e do assédio a que eles estão sendo submetidos — concluiu a anta.

De repente, começou uma debandada generalizada e, pelo cântico de algumas aves, todos os animais perceberam que humanos mal-intencionados estavam se aproximando das margens da lagoa.

Ao tentar escapar o mais rápido possível, a jovem capivara Clarinha acabou, sem perceber, se separando muito do bando e, na tentativa de salvar-se, foi parar de correr em um local ermo e desconhecido e sentiu uma enorme sensação de medo, ao perceber que estava literalmente sozinha no ecótono.

Um tempo depois, Clarinha estava parada, encolhida, com os olhos fechados atrás de um tronco de árvore caído no chão; ela suspirava e evitava abrir os olhos, pois sabia que estava em um local onde habitavam muitas jaguatiricas e tantos outros perigos e sabia que seu fim estava próximo, porém, ela já havia decidido que não queria ver, de forma alguma, nenhum dos seus predadores e decidiu que ficaria com os olhos fechados até o fim.

De repente uma voz falou bem baixinho e perto dos ouvidos de Clarinha.

— Clarinha, meu bem, pensei que nunca mais fosse te ver — falou Aníbal, que tinha acabado de encontrá-la.

— Aníbal, é você mesmo? — ela perguntou aliviada.— É claro que sou eu, por quê? Você estava de encontro marcado com alguém?

— Não. É que eu me perdi fugindo dos humanos — ela falou.

— Eu sei, a sua tia Eunice me contou que vocês estavam na lagoa mais cedo e os humanos estavam caçando, e aí você desapareceu, foi então que eu percebi que a minha vida não teria nenhum sentido se eu não conseguisse achar você de novo — disse Aníbal.

E Aníbal guiou Clarinha, e os dois retornaram rapidamente à região onde viviam, e onde desfrutavam das benesses da vida em bando, e as chances de sobrevivência em casa eram ilimitadas. Durante o trajeto, eles conversaram bastante e, por fim, acasalaram-se, e ela sentiu-se feliz como nunca e tudo saiu bem melhor do que ela sempre havia imaginado, e agora ela era uma capivara extremamente eufórica e realizada.

Capítulo 5

A NAU BRETOA

Alguns dias depois, o sol ardia incandescente e impiedoso, e a temperatura grelhava a uns 40 graus na sombra, quando os animais perceberam espantados a aproximação de uma gigantesca embarcação portuguesa, que tinha um nome estranho escrito em letras garrafais sobre seu casco monumental. Era a Nau Bretoa.

Ao entardecer, Azedo reuniu-se com seus assessores, e o assunto principal, como não poderia deixar de ser, era a devastação das árvores ibirapitanga, bem como a crise que agora se agravava a cada semana, com a captura e encarceramento de vários animais, principalmente papagaios, felinos e macacos; e, como pauta secundaria, havia também a necessidade de observar e descobrir o mais rápido possível o motivo que trouxe até ali a gigantesca embarcação que estava ancorada a uns 500 metros da praia.

Logo na abertura dos trabalhos, Azedo começou a ignorar as pautas da reunião e preferiu tentar aguçar a senso de fé e esperança no coração dos primatas, e alguns que ouviam o discurso notaram que ele, naquele momento, falava coisas que antes reputava por mera ilusão, haja vista Azedo sempre ter feito questão de se mostrar como sendo racional, e de repente falava de um futuro que talvez fosse tão utópico quanto as palavras da antiga profecia que ele desprezava.

— Companheiros primatas, o mundo inteiro vive um momento de profundas mudanças e de muitas transformações, e sendo assim, isso exige de nós uma adaptação rápida e perspicaz para acompanharmos os novos tempos, pois toda mudança exige coragem e, às vezes, até um pouco de sacrifício, mas todos nós juntos sabemos que a recompensa vem sempre depois da tarefa cumprida — falou Azedo

— Mas, Azedo, afinal de contas, sobre o que você está falando? Pois ao que nos parece, o mundo não está mudando coisa nenhuma, ele está do mesmo jeito, tanto é verdade, que o sol brilha incandescente praticamente todas as manhãs e nada mudou. A única coisa diferente que está acontecendo por aqui é que os humanos se odeiam e estão tendo atitudes autodestrutivas, e nós estamos sendo coniventes com isso desde o início —— disse um jovem macaco.

— Meus amigos, quando eu digo que o mundo está mudando, é exatamente sobre os humanos que eu estou falando, são eles que estão realmente provocando essas mudanças, mas nós somos os próximos na escala de poder social e, sendo assim, precisamos nos preparar para assumir, quando eles se forem — concluiu Azedo.

— Mas para onde eles se vão, Azedo, por acaso algum de nós sabe isso? — perguntou um outro mico.

— Senhores, é tão claro. Será que ninguém percebeu ainda que os humanos estão infelizes e revoltados, e o que faz alguém quando está profundamente infeliz e revoltado? Essa criatura começa a errar e se desequilibrar, e um erro leva a outro erro ainda maior e com o passar do tempo as chances dela vão diminuindo, até que ela é vencida por ela mesma, e é isso, senhores. Nós, primatas, devemos estar preparados para assumir definitivamente o poder quando a espécie humana se extinguir — falou Azedo.

— Mas, Azedo, pelo jeito, antes de eles se extinguirem, nós é que vamos ser penalizados? — perguntou outro mico.

— Companheiros, essa é a parte difícil. Infelizmente, nem todos nós chegaremos a salvo nesse derradeiro dia, pois muitos serão ceifados pelo caminho, mas os que de nós sobreviverem, serão os legítimos herdeiros da terra. E será essa, finalmente, uma terra livre da presença nefasta desta espécie tão devastadora — concluiu ele.

— E como você sugere que nós lutemos pela nossa sobrevivência? — perguntou um jovem mico-leão-dourado.

— Meus amigos, haverá uma imunidade natural dentro do nosso bando, e a própria seleção natural se encarregará de selecionar os mais fortes e os mais aptos e resistentes para herdar a plenitude da Terra.

—Mas, enquanto isso não acontece, será que não seria o caso de nós tentarmos uma outra solução qualquer, ao invés de assistirmos passivamente aos humanos devastarem a natureza e a si mesmos? Não seria a hora de intervirmos, já que eles estão visivelmente fora de controle e parece que perderam completamente o senso de preservação da vida?

— Companheiros, é preciso muita calma nessa hora — explanou Azedo.

— Mas, Azedo, nós não podemos mais ficar parados, inertes, assistindo aos humanos devastarem a floresta, prenderem os pássaros, caçarem o resto de nós a todo instante. Alguma coisa nós temos que fazer — falou um mico.

— Infelizmente, algumas mortes terão que acontecer. Paciência, acontece — explanou Azedo a todos os presentes.

— Minha irmã teve o filhote recém-nascido dela levado para dentro da feitoria dos visitantes, o que nós podemos fazer quanto a isso? — perguntou um mico.

— Bom, e lamento profundamente sobre a captura de filhotes, mas isso é um número insignificante — respondeu Azedo diante de todos

— E o meu vizinho perdeu o pai dele, que foi morto tentando evitar que outro dos seus fossem levados para lá também — disse, lamentando outro mico.

— E daí, eu não sou coveiro. — respondeu Azedo.— Isso está errado, Azedo — gritou um mico no meio da multidão.

— E Azedo respondeu imediatamente diante das centenas de macacos ali reunidos, que reclamavam e protestavam, inconformados com a inércia do líder que, ao falar, tinha em sua voz um tom de agressividade e impaciência, ao mesmo tempo que todos já percebiam que ele não demonstrava a menor empatia pela vida dos primatas e de nenhuma outra espécie.

— Eu sei que esse é um momento difícil, mas temos que manter a cabeça no lugar, não adianta nos escondermos o dia inteiro no alto das árvores, pois isso não ajuda em nada, temos que buscar nosso sustento e cuidar da nossa família; para isso, não podemos viver escondidos nessa espécie de lockdown, precisamos trabalhar para conseguir frutos, sementes e seivas, e não podemos esquecer que nós somos um dos principais dispersores de sementes da floresta, portanto, ela precisa de nós para se renovar, se diversificar e permanecer viva, ou seja, ficar escondido em casa não adianta nada, só piora a situação a curto médio e longo prazo.

Havia entre os primatas diversos indivíduos que perderam seus filhotes para os visitantes exploradores, bem como outros que tiveram seus entes queridos mais velhos capturados e enjaulados e estavam tão revoltados, que perderam o medo de falar. E um deles se manifestou, sabendo que não tinha nada a perder e começou a questionar na presença de toda a capela.

— Acho que nós devemos escolher outro líder, afinal, você foi o primeiro a dizer quando assumiu que, "seu governo seria uma rápida transição para democracia e sem tergiversações no processo de escolha de um outro líder primata assim que possível".

Nesse momento houve uma enorme agitação, e quase todos os presentes começaram a guinchar, gritar e assoviar. De repente um pequeno grupo de micos começou a gritar.

— Nós queremos a volta do Conselho de Anciãos imediatamente. — A partir desse momento, outros foram contagiados pelo grupo e começaram a repetir a mesma frase. E de repente todos gritavam sem parar: "Queremos o Conselho de Anciãos".

O clima esquentou e os ânimos se exaltaram. Azedo percebeu rapidamente que o levante símio de descontentes era muito grande e não poderia ser contido pelo exército, pois esses eram em menor número, e, para não perder o controle da situação e não partir para o confronto com tantos revoltados, fato esse que poderia resultar na sua destituição ali mesmo, ou talvez, até coisa pior, pois os macacos estavam muito arredios e agitados em seus protestos, ele acabou, então, propondo uma nova eleição e disse que qualquer primata adulto poderia se candidatar, e, a contragosto, ordenou a alguns membros do exército que fossem buscar os Anciãos e imediatamente, acuado pelos protestos, informou que restituiria o Conselho, pois respeitava a vontade da maioria, mas estava mesmo era intimidado pela revolta dos seus pares.

Longe dali, na restinga, Clarinha pastava junto com Aníbal e os dois estavam muito felizes, pois ela encontrava-se prenha e eles agora moravam juntos nas margens da lagoa, onde tinham muitas águas para se proteger. Quando terminaram sua refeição de capim e ervas, começaram a caminhar em direção ao seu abrigo, pois já estava começando a escurecer. No caminho, eles conversavam e Clarinha em certo momento perguntou ao companheiro e pai de seus futuros filhotes:

— Aníbal você não tem parente? Nunca fala sobre isso — ela perguntou enquanto caminhava observando o pôr do sol no horizonte.

— Bem, meu amor, eu não sou muito chegado nesse lance de ser muito próximo da minha família. Eu penso diferente, para mim, eu acho que cada um deve viver no seu quadrado — explicou ele.

— Mas por que você pensa assim? O que te levou a não querer viver próximo a eles? — ela insistiu.

— Amor da minha vida, isso é mesmo importante para você, minha criança linda? — Ele resistiu em responder e perguntou de volta.

— É claro que é, Aníbal, afinal, agora você faz parte da minha família e eu quero que você se integre ao nosso bando sem reservas — falou Clarinha, que agora estava olhando fixamente para ele e estudando suas expressões.

— Meu bem, você tem certeza disso? Que tal me incluir fora desse rolo e deixar as coisas como estão? — disse ele, tentando se esquivar do assunto.

— O quê? — perguntou ela, já com uma voz meio alterada.

— É que eu estou mesmo ligadão em você; então, se melhorar, estraga, entendeu?

— Não, senhor, eu não entendi nada e pode ir tratando de me explicar essa história direitinho — disse ela, já bastante nervosa.

— Meu amor, é que eu adorei o fato de nós ficarmos juntos e eu quero muito estar com você sempre e ver os nossos filhotes nascerem e irem crescendo, e depois envelhecer ao seu lado; mas, puxa vida, a sua família é muito grande e eles são muito indiscretos, eles mal me conheceram e ficam o tempo inteiro perguntando um monte de coisas particulares, fora o fato de que no fundo me odeiam.

— Mas, Aníbal, se você não gosta da minha família, então talvez seja melhor você deixar eu ter esses filhotes sozinha mesmo, pois eu não pretendo me afastar dos meus parentes e esperava que você estivesse do meu lado, cumprindo o seu papel.

— Minha querida, eu não disse que não gosta da sua família, talvez eu não goste da minha e é por isso que eu quero fazer tudo diferente vivendo com você.

Naquele entardecer, começou a cair uma chuva e todos os animais buscaram abrigo; algumas antas estavam juntas e uma delas perguntou a Pablo.

— Pablo, por acaso você sabe de onde vem a água da chuva?

— Minha amiga, a água que cai lá de cima, vem aqui de baixo mesmo — respondeu Pablo.

— Como assim, Pablo? Explica isso direito.

— Você já percebeu que às vezes temos diversas poças de água espalhadas pelos caminhos da floresta e que ao longo de um dia muito quente, quando o sol está forte e incandescente, a água vai diminuindo sozinha, sem ninguém beber? — perguntou Pablo.

— É verdade, eu já reparei isso também. A água some sozinha, é muito estranho mesmo.

— Na verdade, a água não sumiu, ela apenas se tornou invisível e começou a voar completou Pablo.

— Mas, Pablo, você tem certeza disso? — insistiu a anta.

— Claro que sim, todos nós já vimos isso acontecer. Você sabe quando nós estamos vivendo em um dia de muito calor e aí, quando olhamos bem perto do chão a uma certa distância, e as coisas parecem que estão tremendo e derretendo longe de nós? — perguntou Pablo.

— Claro, eu sempre vejo isso, algumas vezes já tentei chegar perto para ver melhor, mas, quando me aproximo, não vejo mais — respondeu a anta.

— Pois é, isso é a água do chão, que se tornou invisível e voltou para o céu e, quando ela chega lá em cima, elas se juntam nas nuvens e, quando tem muitas aglomerações de águas invisíveis formando essas nuvens, elas ficam pesadas demais e aí simplesmente caem novamente no chão — concluiu Pablo.

— Pablo, é verdade, eu nunca tinha pensado nisso.

❦

Ao amanhecer, a notícia da escolha do novo líder dos macacos em duas semanas já havia se espalhado por todo canto e era o assunto principal nas conversas entre os primatas; eles agora tinham uma remota esperança de que um novo líder pudesse de alguma forma os conduzir rumo a uma solução para intervir no corte sem sentido das árvores ibirapitanga, bem como, desenvolver alguma estratégia para proteger os primatas dos algozes humanos, que os caçavam todos os dias.

Na feitoria, os pombos fingiam estar passeando atrás de alimento para tentar ouvir as conversas e descobrir com antecedência alguma informação relevante que pudesse ajudar a proteger as diversas comunidades de animais naturais da terra. E as notícias que traziam não eram nada animadoras, pois agora Noronha estava obrigando os nativos a trabalharem para ele, e muitos já haviam fugido para longe, se embrenhando na floresta e no alto das montanhas, e vários caminhavam durante dias para alcançar o cerrado com medo dos visitantes.

Mas o trabalho continuava acontecendo, mesmo com um número reduzido de nativos, que eram abrigados a trabalhar desde o nascer do sol até o início da noite e eram vigiados o tempo inteiro para não tentarem uma fuga.

Uma semana depois, a grande embarcação de nome Nau Bretoa começou a ser carregada com as enormes toras de madeira e nela também já havia alguns espaços destinados a acomodar os diversos papagaios e aves das mais variadas espécies e jaulas para manter presos os felinos, macacos e tudo mais que eles conseguissem capturar. Havia inclusive humanos nativos sendo mantidos cativos no interior da nau. Contudo, devido à enorme dimensão do compartimento de cargas da embarcação, ainda precisariam de muito trabalho em terra para lotar o navio, pois o que tinha sido retirado até o momento não ocupou nem metade do espaço destinado às toras de madeiras.

Em algum lugar às margens de um dos muitos dos córregos que desembocavam na lagoa azul, um bando de antas e capivaras se alimentavam e, a certa altura, uma capivara perguntou:

— Pablo, o que você acha que vai acontecer depois que os humanos cortarem todas as árvores que eles querem?

— Minha amiga, se eles insistirem com essa ideia alucinada de arrancar as árvores da floresta, isso aqui vai virar um deserto — respondeu Pablo.

— Mas por que você diz isso, Pablo? — perguntou outra capivara.

— Ora essa, quando se retiram as árvores de maneira exagerada e indiscriminada, como eles estão fazendo, você, na verdade, está retirando a cobertura florestal, que é uma barreira natural que impede que as águas da chuva, os raios de sol e os ventos incidam com muita força diretamente sobre o chão, porque, quando isso acontece, causa um processo de destruição muito rápido e prejudica muitas espécies de animais que dependem da floresta para viver, mas principalmente prejudica o próprio chão que fica desprotegido e vai se desfazendo e às vezes surgem até voçorocas e por fim acaba virando um deserto — explicou Pablo.

— Pablo, você acredita que isso tem solução? Quero dizer, será que a floresta nunca mais vai se recuperar?

— Olha minha amiga, existe sim uma possibilidade de regeneração natural, mas isso vai depender de até que ponto os humanos visitantes irão realizar essa ação antrópica, em outras palavras e sendo otimista, suponhamos que os humanos fossem embora hoje e nunca mais retornassem, e, por outro lado, se a desertificação já estivesse consumada, nesse caso, a floresta passaria por um processo natural de sucessões ecológicas e ao final teríamos uma comunidade clímax estabelecida novamente e em harmonia, mas isso é uma quimera, infelizmente não vai acontecer.

Capítulo 6
A CAMPANHA

Três dias depois da restituição do Conselho de Anciãos, os macacos se reuniram mais uma vez, mas já não era um número tão expressivo de participantes como o do último encontro, e, em meio a diversos discursos, o velho Ancião e antigo líder pediu a palavra e todos silenciaram para ouvi-lo.

— Meus queridos símios, durante esse período de exílio, eu estive com o âmago bastante depressivo, mas, por outro lado, tive tempo para refletir profundamente no cenário atual da realidade desastrosa que vivemos, e pude concluir que o principal erro da minha gestão na liderança foi permitir que Azedo, com seu discurso iconoclasta, semeasse dúvidas sobre aquilo que veneramos como sendo uma verdade absoluta. Sim, meus companheiros, a profecia incontestavelmente é verdadeira e começou a se cumprir na nossa geração, e agora é nosso dever tentar a todo custo preservar a vida da nossa espécie, pois os humanos começaram a devastação da natureza e isso não vai parar, muito pelo contrário, o dano ambiental só vai aumentar e isso irá levá-los à autodestruição; porém, o nosso instinto básico de sobrevivência nos diz que é nosso dever tentar preservar a nossa espécie. Portanto, eu quero me candidatar novamente à liderança para tentar evitar a nossa extinção a todo custo e a das outras espécies que pudermos ajudar.

Ao proferir essas palavras, uma grande parte dos macacos ali presentes demonstravam apoio ao Ancião, mas outros pareciam indiferentes e não acreditavam que ele fosse capaz de conduzi-los e pensavam ainda que Azedo era um líder mais jovem, forte, inteligente e habilidoso e que tinha inclusive um histórico de atleta, e, embora ele tivesse errado muito, ao ignorar o sofrimento e até caçoar e debochar do sofrimento dos vários macacos que perderam entes queridos e de outros que foram capturados, agora ele poderia estar mudando e merecia uma outra chance.

Na tarde do dia seguinte, os pombos relataram que a grade embarcação era uma espécie de quartel flutuante e tinha até um regimento interno que estabelecia o que era proibido e o que era dever dos tripulantes, que eles contaram em número de 36, sendo seis oficiais que comandavam a embarcação e, entre os demais tripulantes, alguns eram pajens, outros, marujos e outros eram grumetes. Entre as diversas curiosidades, havia uma boa notícia para todos: os pombos ouviram um dos oficiais, que se reuniu na proa da embarcação com os grumetes, lembrar a todos que o regimento dizia que "nenhum mal ou dano deveria ser cometido contra os naturais da terra". Por outro lado, havia também notícias desanimadoras, pois eles ouviram também o capitão do grande barco, cujo nome era Cristóvão Pires, lembrar a todos em um tom bastante ameaçador que "as toras de madeira devem ser arrumadas no compartimento de carga de forma tal, que nenhum espaço volte vazio". E isso significava que cortariam ainda muitas árvores da floresta. Além disso eles relataram ainda que, segundo o tal regimento interno, os tripulantes eram proibidos de praguejar, também não podiam ultrapassar os limites da feitoria e eram proibidos de negociar ou falar com os nativos e não podiam dormir com as nativas e nem pernoitar fora da nau.

Alguns dias depois, ao pé da montanha, um bando de macacos ouvia atentamente os candidatos à liderança, que já somavam um número de quatro. Havia o próprio Azedo, que postulava permanecer na liderança, e apesar dos erros cometidos no passado, ele agora havia disciplinado seu exército a acudir, recolher e entregar espontaneamente alimentos aos necessitados, sendo que alguns dos intitulados necessitados deveriam mesmo era contribuir, ao invés de se aproveitar do um benefício destinado àqueles que faziam jus de verdade e, embora durante todo o período em que esteve liderando os primatas ele jamais tenha se importado com os mais fragilizados, pobres e doentes, agora, às vésperas da eleição, ele parecia simpatizar com todo mundo e se apresentava como uma espécie de novo Azedo, e instituiu na floresta algo que ele chamou de "operação kamikaze", que obrigava o exército a ajudar um enorme contingente de primatas, que eram os mesmos que ele próprio sempre ignorou; mas às vésperas da eleição, tudo parecia mudado nas atitudes do líder que, inclusive, ao mesmo tempo, tentava ao máximo parecer normal, muito embora evitasse a todo custo debater com seus adversários. Nesse sentido, seus principais assessores o aconselhavam o tempo inteiro, pedindo para que ele falasse o mínimo possível e não demonstrasse tanto ódio e descontrole em suas palavras, bem como não emitisse opinião sobre os macacos que optavam por ter uma vida íntima com companheiros do mesmo gênero, e que não xingasse mais nenhum Ancião e principalmente não demonstrasse sua misoginia em público, pois nada disso era bem-visto pelo bando e acabaria por prejudicá-lo no dia da escolha

O outro candidato à liderança era o velho Ancião, que, apesar do erro que cometeu no passado ao deixar que Azedo fosse liderando o bando sem passar pelo crivo da escolha, pois teve medo de perder o poder, acabou sendo responsabilizado por alguns primatas pelo desfecho da situação, ou seja, a criação do exército que brutalizava alguns, a perseguição àqueles que naturalmente se sentiam mais amados e felizes quando estavam com alguém do mesmo sexo, o golpe de ascensão ao poder de Azedo e a extinção do Conselho de Anciãos.

O outro candidato à liderança também era um Ancião do Conselho, que inclusive já havia se desentendido com Azedo ao confrontá-lo sobre as acusações que ele proferia sobre a lisura do processo de escolha, sem prova alguma e, em certa ocasião, o questionou publicamente, afirmando que aquilo parecia mais um factoide planejado pelo cercadinho de assessores a fim de desviar a atenção para o principal problema da época, que era a truculência do exército. Esse candidato parecia extremamente inteligente e suas propostas eram bem elaboradas. Contudo, ele não conseguia maiores resultados para suas ideias, pois os macacos estavam divididos em dois grandes grupos polarizados, ou seja, uma grande parte apoiava o velho Ancião, cujo carisma era inegável, e a outra grande parte apoiava a permanência de Azedo na liderança e se recusava a ver o óbvio, inclusive acreditavam, de boa-fé, nas diversas inverdades propagadas pelos aliados do seu líder.

A outra candidata era uma fêmea vinda de uma parte um pouco mais distante do litoral, ela tinha como lema de sua campanha duas palavras "Amor e coragem" e, embora ela não tivesse tanto destaque nos seus discursos quanto os outros candidatos, inclusive com amigos seus tentando o tempo todo sabotar sua candidatura, ela seguia firme e era considerada por todos uma das mais influentes primatas do bando, e tinha como proposta principal acabar com o hábito que alguns símios ainda tinham de espancar suas companheiras e também preconizava uma melhor divisão de tarefas entre os casais.

E os discursos começaram. O primeiro a falar foi o velho Ancião.

— Meus companheiros e minhas companheiras, ainda resta esperança para nossa terra, mas é preciso agirmos rápido, pois os humanos estão cada vez mais loucos em sua ambição e parecem não perceber ou não saber da loucura que estão fazendo, eles ignoram as consequências devastadoras dos seus atos, porém nós, primatas, não temos mais como impedi-los, esse momento já passou e perdemos a chance, agora só nos resta lutarmos para preservar a nossa espécie da extinção. Portanto, eu proponho uma imediata migração para o interior inexplorado da floresta e para a caatinga, o cerrado e até mesmo os pântanos, pois o que nos importa agora é a sobrevivência que somente será garantida com o afastamento imediato dos humanos visitantes. Para isso, eu conto com o apoio de vocês, para conduzi-los nesse êxodo em busca de um outro lar.

O segundo a falar foi Azedo.

— Meus queridos símios, eu sei que muita coisa saiu do controle nos últimos tempos, mas eu acredito que isso vai ter um fim assim que os humanos forem embora. Eu sei que nós estamos vivendo os piores dias de nossas vidas, porém, não podemos nos desesperar e fugir, temos que aguardar a extinção da raça humana, porque é inquestionável que eles caminham rápido para sua autodestruição. Não que eu desejasse isso para eles, mas eles mesmos é que estão provocando essa situação, pois eles são a única espécie da natureza que destrói seu próprio habitat. Portanto, não existe nada que nós possamos fazer, não há como ajudar alguém que é tão arrogante, que acha que não precisa de ajuda. E além da devastação florestal, existe ainda o problema da caça sem sentido, ou seja, daquela que é feita não para alimentar-se, mas pelo simples prazer de matar, encarcerar, dominar os animais. Precisamos, de alguma forma, encontrar meios de estarmos entre os que alcançaram a imunidade de rebanho, só assim, herdaremos a terra. E quando os humanos finalmente se conscientizarem que estão destruindo seu lar e comprometendo o futuro dos seus filhos, netos e bisnetos, talvez seja tarde demais. Sendo assim, minha proposta é esperarmos aqui até a partida deles, pois uma hora eles terão que voltar para o lugar de onde vieram e, quando esse dia chegar, nós enviaremos expedições aos rincões da floresta e recolheremos a vagem espinhenta e traremos o sustento de nossas famílias e, após comermos o fruto, faremos a nossa parte e lançaremos as sementes na terra para que haja o renascimento da floresta. Dito isso, eu peço a confiança e o voto de todos vocês porque eu sou o único candidato que reúne todas as qualificações para ser um líder e isso sem contar o fato de que sou também imbrochável.

Na sequência, o outro Ancião do Conselho, que era considerado por quase todos um candidato extremamente inteligente e capaz, começou seu discurso.

— Meus amigos, a floresta parou de crescer, e, ao contrário disso, ela diminui a cada dia, por isso é fundamental recuperar o crescimento, mas não da forma como propõe o candidato que falou antes de mim, pois só quem não se comove com a dor dos nossos irmãos, não consegue enxergar o que é preciso para mudar. Nós sabemos que será necessário adotar um conjunto adicional de práticas que não se restringem às questões florestais, para que os primatas voltem a ser otimistas, felizes e acreditem que seu futuro será melhor.

E por fim, chegou a vez da candidata fêmea, que era conhecida até então como uma boa ouvinte obediente, mas que agora, diante das circunstâncias, mostrava todo seu potencial de liderança, o que despertava também a inveja dos seus aliados machos, que tentavam inclusive sabotar sua candidatura.

— Meus amigos primatas, eu venho aqui diante de vocês dizer que nós precisamos de uma verdadeira reconstrução ampla e abrangente, que começa pela retomada do crescimento florestal para pôr fim à fome e à miséria que se aproxima de nós a cada dia com essa devastação e reduzir as desigualdades e voltar a criar uma ocupação para os primatas, que nos últimos tempos têm vivido só para se esconder dos humanos visitantes. Minha proposta consiste em quatro eixos principais: justiça social e combate às desigualdades; reflorestamento verde e desenvolvimento sustentável; liderança com a parceria de todos e, por fim, uma liderança inclusiva, segura e transparente.

Os macacos acompanhavam os discursos dos candidatos à liderança com grande preocupação, pois os humanos visitantes estavam intensificando as tentativas de captura de todas as espécies, e os animais agora precisavam esconder seus filhotes, pois esses ainda não sabiam fugir por conta própria e isso era uma preocupação extra que afligia a muitos casais.

Nas margens da lagoa, as capivaras estavam conversando sobre tudo que estava acontecendo depois da chegada dos nativos e, em meio à conversa, algumas antas se aproximaram do bando e começaram a interagir nos assuntos. Em certo momento, uma capivara perguntou ao Pablo o que ele achava que iria acontecer no futuro.

— Pablo, o que você acha que vai acontecer conosco e com os humanos depois que eles destruírem a floresta inteira?

— Bom, minhas amigas, eu sinceramente tenho pensado muito sobre isso nos últimos dias e ainda não tenho muita certeza dos caminhos que vamos percorrer, só não tenho dúvidas de que o fim virá com certeza, pois destruir a natureza é uma forma estúpida de suicídio coletivo, ou seja, morre você e morre também quem não tem nada a ver com isso, porém, o itinerário que os humanos estão nos impondo, esse eu ainda não sei — ele respondeu.

— Mas você acha que eles vão conseguir destruir toda a mata? Afinal a floresta é muito grande, e talvez eles não sejam capazes de arrancar todas as árvores — perguntou outra capivara.

— Olha, meninas, espero de alguma forma que isto lhes sirva de consolo, então saibam que o capim é algo praticamente indestrutível, ou seja, o mato sempre existirá, ele resistirá resignado a qualquer tentativa de arrancá-lo. Os humanos podem capinar de dia e de noite sem parar, mas o mato sempre ressuscitará em sua glória verdejante, mas infelizmente o mato sozinho não sustenta a vida de todas as espécies, pois precisamos de árvores frutíferas e de outros vegetais como as verduras, as leguminosas e as castanhas.

— Pablo, nos responda uma coisa: você acredita na profecia que circula entre os macacos?

— Minhas amigas, ainda ontem eu estava conversando sobre isso com minha companheira Angelina, que me fez a mesma pergunta, mas confesso que esse é um assunto sobre o qual é muito difícil de se ter uma opinião concreta e exata, e eu acho que ele está muito ligado a uma necessidade de se ter esperança em uma vida após a morte, afinal, nós vivemos alguns anos, alguns mais, outros menos, alguns só vivem poucos dias, como é o caso dos insetos, mas enfim, o fato é que não dá para descartar nenhuma hipótese. Portanto, ainda que eu não entenda os mistérios por trás das palavras, eu prefiro não duvidar, até porque parece que estamos começando a viver as catástrofes ambientais profetizadas há séculos, e isso é algo que ninguém explica, ou seja, como eles sabiam com tanta antecedência que isso tudo iria acontecer?

— Mas, Pablo, afinal você acha que existe vida após a morte?

— Minha amiga, eu tenho até pensado sobre isso, mas não me sinto capaz de te dar uma resposta à altura do que você merece, eu prefiro falar daquilo que eu observo através da experimentação por princípios próprios, através de métodos, ensaios e testes comprovados e aplicáveis na prática; em outras palavras, eu acredito na vida após a vida, mas sem discriminar nem desmerecer ou questionar com arrogância quem acredita na vida após a morte, pois é bem possível que tenham razão também.

— Pablo, explica essa história de vida após a vida para gente.

— Bem, meninas, é o seguinte: nossos antepassados durante muito tempo acreditaram que a nossa Terra era o centro do Universo, e quem de alguma forma se opunha a essa ideia era severamente perseguido e punido, pois nessa época acreditava-se em um mundo estático, com seres vivos sem mudança. No entanto, no decorrer dos séculos, nós, animais, fomos encontrando uma grande variedade de evidências, de que nossa Terra é muito mais antiga do que imaginávamos, pois começamos vez por outra a encontrar restos mortais de seres bizarros, não encontrados na flora e na fauna atuais, então como explicar essas formas estranhas de organismos? Foi aí que começamos a contrariar os dogmas estabelecidos, pois constatamos que existia uma real possibilidade de mudança nos seres vivos, e esse transformismo parece inquestionável quando nos deparamos, por exemplo, com uma foca e com um morcego, pois ambos têm uma estrutura muito similar, fora o fato de encontramos, de vez em quando, gigantescos esqueletos, que mais parecem ter pertencido a algum monstro e, por tudo isso, eu acredito que a vida se transforma, evolui e se adapta ao longo do tempo.

— Pablo, agora, mudando um pouco de assunto, onde está a Angelina? Faz tempo que eu não a vejo por aqui.

— Ela está no nosso abrigo descansando, pois ela já está no 12º de gestação, então no próximo mês eu serei papai mais uma vez.

— Que notícia boa, Pablo, você vai ter outro filhote?

— Pois é, a cada 15 meses a gente aumenta a família. Agora deixa eu ir embora porque ainda vou ter que levar umas goiabas e uns jenipapos, que ela me disse que está com desejo de comer essas frutas.

Pablo se despediu das outras antas e das capivaras e foi em direção ao seu abrigo. Ao mesmo tempo, não muito longe dali, Natan e Rosa estavam na beira do rio tomando sol e bebendo água enquanto conversavam.

— Meu amor, eu estou muito preocupada com essas caçadas dos humanos visitantes, eles já mataram e aprisionaram vários membros do nosso clã e eu temo que eles acabem pegando um de nós também — disse Rosa enquanto observava o companheiro bebendo água.

— Minha doce Rosa, eu respeito a sua preocupação, mas nós estamos tomando todo cuidado possível nos últimos dias, mais do que isso não dá para fazer, e eu também não aceito a fato de esses intrusos chegarem na nossa terra sem serem convidados e limitarem nosso livre deslocamento. Eu não quero ter que viver fugindo, eu nasci livre e no topo da cadeia alimentar e não vou permitir que restrinjam a liberdade que sempre tive. Eu estou em casa, essa terra é nossa e não deles — falou Natan, olhando direto nos olhos de Rosa.

— Natan, eu até entendo e concordo com o que você está falando, mas, na prática, os humanos são muito inteligentes e habilidosos e não dá para competir com eles, aonde chegam, eles se tornam senhores de tudo — explicou Rosa.

— Escute uma coisa, meu bem, eu até já pensei isso sobre eles também, mas, agora, eu acho que eles não são tão inteligentes quanto parecem, afinal, a maior prova da burrice, e digo isso sem querer ofender os burros de verdade, mas as asneiras que eles estão fazendo arrancando as árvores da floresta mostra o quanto eles são estúpidos, aliás, ofendi de novo sem querem os asnos, pois os humanos, agindo assim, não são dignos de serem comparados a burros e asnos — concluiu Natan.

No alto de um centenário Jacarandá, que tinha um buraco no caule e servia de ninho, Verdinho e Doroteia alimentavam carinhosamente seus filhotes, que haviam nascido há poucos dias, ao mesmo tempo que recebiam a visita de um dos filhos já adultos que eles tinham e, a certa altura da conversa, o frondoso e jovem papagaio perguntou ao seu pai.

— Pai, afinal de contas, quantos irmãos e irmãs eu tenho mesmo? — perguntou o jovem papagaio de fartas penas e bico afiadíssimo.

— Meu filho, às vezes eu perco a conta, mas acho que são 32 — ele respondeu. E logo pediu o auxílio de Doroteia. — Não é isso mesmo, meu amor?

— É sim, são 32 filhotes e 85 netos, mas agora acho que paramos, essa deve ter sido minha última ninhada — disse Doroteia.

— Que nada, amor, ainda dá tempo de aumentar mais nossa família — comentou Verdinho.

— Não, querido, eu já estou muito cansada de botar e chocar ovos, isso toma muito tempo da vida da gente, eu agora quero descansar e aproveitar os meus filhotes que estão pequenos e os meus netinhos também — disse ela.

— Bom, eu talvez concorde com você, mas não por causa da nossa idade, e sim porque temo pelo nosso futuro, pois os humanos estão devastando a floresta e daqui a algumas semanas talvez eles cheguem até aqui na nossa árvore, então é melhor nós aproveitarmos bastante a vida enquanto ainda a temos — disse Verdinho.

— Pai, o senhor e a mamãe não gostariam de encontrar um ninho mais ao interior da Mata Atlântica, assim como eu fiz quando encontrei minha companheira? — perguntou o jovem filho do casal.

— Meu filho, embora eu e sua mãe estejamos muito próximos dos visitantes, nós sempre vivemos aqui às margens do litoral e ao mesmo tempo à beira da floresta e ao pé da montanha, então, na nossa idade, eu diria que não é fácil pensarmos em abandonar nosso lar e encontrar outro mais escondido dentro da mata — respondeu Verdinho.

Pai, mãe e filho permaneceram conversando durante boa parte daquele dia e, um pouco antes de entardecer, o jovem se despediu deles e começou seu voo de volta ao interior da mata, onde sua família o aguardava.

❧

Nos dias que se seguiram, todos os animais acompanhavam atentos as discussões que ocorriam entre os macacos e, mesmo os bichos considerados mais ingênuos e fáceis de se enganar, percebiam que muitas coisas que eram ditas e prometidas pelos concorrentes à liderança, eram uma completa mentira deslavada. Mas, embora eles estivessem adaptados às inverdades comuns, que sempre apareciam em épocas de eleições, dessa vez, a coisa parecia muito mais difícil e delicada, pois Azedo instituiu uma espécie de "assessoria do ódio", e essa assessoria, passou a produzir e divulgar uma quantidade enorme de mentiras acerca de quase tudo a sua volta e, quando alguém do Conselho de Anciãos conseguia desmascarar algumas dessas mentiras, ele alegava que estavam atacando sua liberdade de expressão e, com base nessa ideia de liberdade, ele dizia que todos tinham o direito de falar qualquer coisa, fosse verdade ou não.

Havia ainda um receio generalizado acerca do futuro da comunidade de primatas da floresta, pois todos temiam que Azedo pudesse não aceitar o resultado de uma eventual derrota no dia da escolha e nesse caso, era bem possível que ele colocasse o exército para se chocar com o bando e tomasse o poder pela força. E, atento a esses riscos, um dos Anciãos do Supremo Conselho, que era um macaco já bastante vivido e que possuía uma inteligência exacerbada, a despeito de sua cabeça, que era completamente careca devido à razoável idade, resolveu reunir seus pares e traçar diretrizes acerca do futuro.

— Senhores Anciãos, infelizmente estamos diante de uma situação absurda e perigosa e vivemos um risco de adentrarmos em um retrocesso histórico em nossa floresta — falou ele e continuou. —Se antes, nosso Conselho era apenas o guardião da boa convivência entre os membros do nosso bando, agora, somos os guardiões do próprio sistema, pois, com a ascensão desses extremistas, que são liderados por Azedo, o nosso próprio estilo de vida está ameaçado, e Azedo, por sua vez, surpreendeu a todos nós pela sua ousadia em desafiar o nosso estilo de vida, ele se beneficiou do nosso sistema, se locupletou a vida inteira, respaldado na nossa forma de viver e agora insiste em querer desacreditar nosso sistema, do qual ele mesmo tanto se beneficiou. Não que ele tenha mudado sua maneira de ser, muito pelo contrário, ele sempre foi coerente com suas ideias fascistas e desprovidas de respeito às minorias. Quanto a isso, nós é que somos culpados, pois permitimos que ele alcançasse uma liderança a qual ele, visivelmente, não tem a menor capacidade nem preparo para exercer, e a grande prova disso vem não só da desastrosa forma como ele lidou com a nossa comunidade e seus problemas atuais, como também do enorme constrangimento que ele nos causa perante os de fora e de outras regiões, pois, ao longo do tempo em que Azedo esteve à frente do nosso bando, ele não conseguiu interagir com mais ninguém, além do seu próprio cercadinho de radicais extremistas que pensam como ele, e isso é motivo de grande embaraço para nossa comunidade.

Ao proferir essas palavras, os outros Anciãos concordaram imediatamente e não demorou para outro conselheiro pedir a palavra:

— Senhores, é fato irrefutável que temos que defender nosso sistema de vida pacífica e igualitária e não podemos aceitar que se tente instalar no nosso meio um regime autoritário como era num passado longínquo, quando, como todos sabem, os primatas mais fortes mandavam nos mais fracos e ninguém tinha a plena liberdade como temos hoje, em que as minorias não tinham vez, em que ninguém era ouvido, todos tinham que obedecer a um primata tirano. Definitivamente não queremos retornar ao autoritarismo do passado, temos que resistir a todo custo a esse retrocesso. Portanto, creio que devemos agir de maneira contundente nesses dias que antecedem a eleição e, mesmo que nós extrapolemos um pouco os limites de nossa atuação como Supremo Conselho, ainda assim, temos que ter em mente que os fins justificam os meios, ou seja, mais de que guardião dos costumes em épocas de vida normal, agora somos guardiões do próprio sistema e para isso podemos e devemos extrapolar mesmo os limites de nossa atuação, para não permitirmos que o autoritarismo torne a se instalar no nosso meio, nos levando a viver como nos tempos de outrora.

Ao término da reunião, o Supremo Conselho de Anciãos decidiu que se colocaria na linha de frente para combater o avanço das ideias extremistas que estavam sendo germinadas como erva daninha na cabeça dos membros do bando.

Em uma região um pouco mais distante dali, onde havia inúmeras bananeiras, um grande grupo de micos se alimentava e ao mesmo tempo Azedo aproveitava para, junto com seus filhos e apadrinhados, discursar sobre o dia da escolha, que se aproximava:

— Meus amigos, é como eu sempre digo para vocês: infelizmente nós estamos nessa situação, porque o Conselho de Anciãos não me permite administrar os problemas da nossa comunidade da forma como deve ser feito, então, os Anciãos então sempre se opondo e isso atrapalha muito o nosso dia a dia, mas eu espero que, quando vocês me escolherem, eles aprendam a respeitar mais a minha palavra, pois, como vocês sabem, eu quero o melhor para o nosso bando — falou ele, quase gritando em tom eufórico.

Um macaco, que estava trepado em um galho próximo, perguntou em voz alta:

— Azedo, e quanto aos humanos visitantes? Como você propõe que lidemos com eles?

— É como eu disse antes: temos que aguardar a partida deles, até lá, a imunidade natural de rebanho vai contemplar os que herdaram a terra. Enquanto isso, vamos focar nossos esforços em esperar um futuro melhor — disse Azedo.

— Mas, Azedo, você não acha que é um negacionismo da sua parte, ignorar que eles estão capturando e aprisionando vários de nós nas dependências da feitoria e daquele navio? — questionou um mico-leão-dourado.

— E você não acha que está sendo fatalista demais? já que, pelo visto, você parece bem jovial e forte e, com certeza, será uma dos contemplados pela imunidade de rebanho que está por vir, pois dificilmente os humanos conseguirão te capturar, então eu não entendo por que você se mostra tão preocupado — retrucou Azedo.

Capítulo 7
A ELEIÇÃO

Na manhã do dia da grande escolha do líder, os macacos começaram a se dirigir para a enseada da lagoa, onde fariam a escolha. Contudo, em certos lugares, havia pequenos grupos de integrantes do exército que estavam criando dificuldades para permitir a passagem a alguns micos, que eram apoiadores conhecidos do velho Ancião e, com certeza, levantariam os braços em favor dele na hora da escolha.

E, finalmente, quando uma enorme quantidade de primatas de todas as espécies parecia presente, o Ancião careca que presidia a votação começou os trabalhos:

— Amigos Macacos e macacas, todos vocês são bem-vindos hoje aqui, para juntos, elegermos aquele que vai estar à frente, tomando as decisões mais importantes acerca do nosso destino. Eu, em nome do Supremo Conselho de Anciãos, quero agradecer a presença de todos a partir de agora. Declaro que está aberta essa votação e, portanto, todos aqueles que desejam que o Velho Ancião seja mais uma vez eleito nosso líder, por favor, levantem as patas.

Nesse momento, grande parte de todos os presentes levantaram as patas. Mas outra grande parte permaneceu inerte. E então, depois de todos observarem a sua volta, o Ancião careca que presidia o evento tornou a falar:

— Muito bem, agora, quem de vocês quiser que esse outro Ancião seja nosso líder, por favor levante as patas.

Nesse momento, uma pequena quantidade de micos ergueu as patas e, rapidamente, todos os demais presentes perceberam que esse candidato não teria a menor chance. E o evento prosseguiu.

— Agora, quem entre vocês achar que essa fêmea pode ocupar o posto de líder, por favor levante as patas — convocou o Ancião careca.

Neste momento, uma quantidade razoável de macacos levantou os braços, porém, embora fossem uma quantidade expressiva, eles visivelmente eram uma minoria em relação à quantidade de todos os presentes. E, logo, todos perceberam que ela também não tinha apoio suficiente para vencer. E a eleição prosseguiu:

— Agora, quem de vocês acha que Azedo pode ser estabelecido como líder levantem as patas.

E uma grande quantidade de macacos levantou as patas e, depois que todos observaram, o Ancião careca falou:

— Meus amigos e amigas, hoje, só há um jeito de nós determinarmos um vencedor com lisura, transparência e honestidade indubitável e será da seguinte forma: já que tanto Azedo, quanto o velho Ancião têm uma quantidade muito parecida de votos, nós vamos proceder à escolha somente entre os dois, então, eu determino que: todos aqueles que preferem que Azedo seja o líder, que passem para o lado de cá e fiquem à minha extrema direita; e, por outro lado, todos aqueles que preferem que o velho Ancião seja novamente nosso líder, que se coloquem então à minha esquerda.

Rapidamente os macacos se movimentaram e escolheram seu lado e, ao final, quando todos pararam de se mover, o Ancião careca perguntou:

— Todos já se posicionaram? Mais alguém gostaria de se mover ou trocar de lugar? Todos estão certos do que estão fazendo?

Ninguém mais se movimentou e todos começaram a olhar para ver qual era o resultado da escolha e quem havia sido escolhido.

Poucos segundos depois, era possível observar Azedo com uma expressão de incredulidade em seu rosto e o velho Ancião parecia aliviado. Na extrema direita tinha muitos macacos, mas na esquerda tinha um pouquinho mais, e era o suficiente para mostrar a todos, sem nenhuma sombra de dúvida, que, entre todos os presentes que participavam da escolha, a maioria ganhava apertado, mas vencia de forma incontestável.

E o Ancião careca proclamou o resultado:

— Primatas de toda nossa terra, eu declaro na presença de todos e, como vocês mesmos podem ver, o Velho Ancião será o nosso líder mais uma vez, pois ele ganhou por pouca diferença, mas ganhou, e essa é a vontade da maioria; e agora, cabe apenas ao candidato derrotado e perdedor reconhecer a vitória do seu adversário e todos poderemos ir para casa. Portanto, neste momento, eu convido aqui à frente o jovem Azedo, para que ele reconheça a derrota e, junto comigo, possamos dar posse ao velho Ancião, para dar início ao exercício da liderança.

Nesse momento, os macacos ficaram aguardando que Azedo se dirigisse à frente para cumprimentar o Velho Ancião e prosseguisse com a transmissão do cargo de líder, mas Azedo desapareceu como em um passe de mágica e, de repente, ninguém mais sabia onde ele estava e, depois que perceberam que ele não iria aparecer, o Ancião careca convocou o restante dos outros dez Conselheiros, e juntos, na presença de todos, deram posse ao novo líder.

No decorrer daquela tarde, vários acontecimentos desagradáveis incidiram sobre a vida dos macacos, pois alguns radicais extremistas, que apoiavam Azedo, começaram a vandalizar e barbarizar no meio da floresta e muitos animais ficaram horrorizados com o comportamento arredio dos pequenos grupos que promoviam balbúrdia em vários pontos da mata.

Mesmo ao anoitecer, o clima de bagunça, revolta e inconformismo de alguns poucos macacos seguidores de Azedo prosseguiu e todos os outros animais tiveram o seu descanso perturbado e não puderam dormir em virtude do clima de terror e agitação promovido pelo grupo de descontentes, que se mostravam inconformados com o resultado da escolha e prometiam infernizar a vida de todos na floresta e reivindicavam que fosse instituído imediatamente um regime mais autoritário, pois não estavam satisfeitos com aquela vida de liberdade. Era como se temessem a liberdade, como, se fossem livres para escolher qualquer líder, escolheriam errado, se fossem livres para escolher um parceiro para dividir a vida, eles possivelmente escolheriam um do mesmo sexo; então, frente ao pavor de lidar com a simplicidade e a responsabilidade da liberdade, muito melhor lhes parecia ter um líder que lhes proibisse as suas vontades mais básicas e, assim, os extremistas pareciam implorar desesperadamente por controle.

No dia seguinte, pequenos grupos de macacos-prego se agrupavam embaixo de algumas árvores onde eles sabiam que os primatas do exército tinham seus abrigos e viviam com seu clã de fêmeas e filhotes. O pequeno grupo protestava contra o resultado da eleição e pedia que os macacos de exército interviessem na liderança e estabelecessem imediatamente o fim das liberdades símias. Os extremistas, imbuídos de um fetiche masoquista, que lhes dava prazer e excitação, protestavam e insistiam que queriam viver socialmente seviciados e para isso pediam um outro golpe na floresta.

A vida na floresta prosseguiu e, nos dias que se seguiram, Azedo ficou recluso e não foi mais visto pelo bando; alguns apadrinhados mais próximos apenas informaram que ele estava recluso por estar tratando uma pequena ferida na perna e em breve ele retomaria a vida normal.

Na Feitoria Lusitana, os pombos relatavam que os trabalhos de destruição das árvores estavam avançando, mesmo com poucos nativos trabalhando, pois, segundo os plumados, os visitantes obrigavam os nativos a trabalharem dobrado para compensar os que se foram, tanto pela morte como pela fuga.

No alto dos coqueiros que ficavam à beira-mar, o papagaio Verdinho e seus amigos micos-leões-dourados observavam com preocupação a movimentação dos humanos na feitoria e na grande embarcação que estava ancorada a alguns metros da praia e, em certo momento, um mico perguntou ao papagaio:

— Verdinho, você não tem receio de vir até aqui, já que os humanos estão colocando arapucas por todos os lados para capturar aves?

— Com certeza que sim, mas esse hábito de vir até aqui conversar e trocar ideias com meus amigos é algo que faz parte da minha rotina desde que eu me entendo por ave, então, eu venho assim mesmo, pois faço questão de manter minhas amizades e estar bem-informado sobre tudo que acontece a minha volta, portanto, vocês ainda vão me ver aqui por muito tempo — concluiu Verdinho.

— É, mas as coisas estão mudando muito rápido por aqui — comentou um mico.

— Pois é, a maior parte das tartarugas e dos caranguejos não estão mais frequentando essa praia e tudo por culpa dos humanos branquelos, que não conseguem estabelecer uma convivência harmônica nem entre eles mesmos. — explanou outro mico-leão-dourado.

Enquanto conversavam, os micos e o papagaio Verdinho observavam a uma certa distância a enorme Feitoria Lusitana e divagavam entre si sobre quão nociva era a atitude dos humanos.

— Senhores, a paisagem de Pindorama está mudando muito após a chegada desses visitantes. As árvores estão sendo cortadas e isso está prejudicando a floresta. Muitos animais estão tendo dificuldade de encontrar alimentos e tendo que invadir outros habitats de espécies diferentes; nós, aves, estamos sendo expulsos por força da sobrevivência e, se continuar assim, eu não sei o que será de todos nós — explicou Verdinho aos seus amigos micos. E a conversa durou quase a manhã inteira e, pouco antes da hora do almoço, cada um seguiu o seu caminho.

ↁ

No interior da floresta, a vida seguia ininterrupta apesar do desmatamento das árvores ibirapitanga. Os animais estavam sempre atentos aos acontecimentos e todos agora fugiam para não serem vistos pelos visitantes.

☙

Enquanto isso acontecia na floresta, Rosa caminhava longe dali em um perigoso trecho de falésias. Ela percorria o precipício faminta à procura de alimento e, para sua sorte, acabara de avistar um solitário tamanduá-bandeira. Nesse momento, ela escondeu-se por entre a vegetação e começou a caminhar agachada para se camuflar e não ser percebida por sua presa. Enquanto caminhava, mantinha os olhos fixos no tamanduá a fim de não o perder de vista e, quando chegou a uma distância em que tinha certeza de que conseguiria capturá-lo, ela levantou-se e arrancou em direção ao seu almoço.

Minutos depois, Rosa estava confortavelmente sentada aproveitando sua única refeição daquele dia, quando percebeu a aproximação de uma outra onça. Era um grande felino macho da raça parda.

Rosa continuou se alimentando e se sentiu feliz por já estar terminando de comer seu último pedaço de carne, assim, não teria que dividi-lo com o estranho que se aproximava. Vagarosamente o grande macho desconhecido chegou perto dela e a cumprimentou:

— Oi, oi, tudo bem?

— Tudo bem — ela respondeu, já se levantando e se preparando para retornar à floresta litorânea.

— Calma aí! você já está saindo? Isso é só por que eu cheguei? —perguntou o estranho, com uma entonação na voz meio arrastada, parecendo estar se esforçando para não ser ríspido.

— Não, eu vou embora porque, como você pode ver, eu já acabei de me alimentar, então, nada mais me interessa por aqui e por isso vou voltar para casa — respondeu Rosa, enquanto começava a caminhar, deixando o estranho sozinho na beira do precipício.

A onça-parda engendrou uma pequena corrida e se colocou frente a frente com Rosa, impedindo-a de continuar, e então falou:

— Oh, minha linda, eu estou sentindo o cheiro delicioso do seu hormônio de fêmea fértil, então eu acho que você está prontinha para mim.

Rosa desviou-se rapidamente do estranho, continuou caminhando e ao mesmo tempo respondeu:

— Não estou, não, eu sou comprometida e meu parceiro está bem perto daqui.

Novamente, o estranho correu e se colocou em seu caminho, impedindo-a de continuar.

— O que isso, minha querida? Para de fazer de difícil, eu já estou aqui na sua frente, para que esperar? Vamos fazer logo uma brincadeira aqui, só nós dois.

— Não, eu não estou interessada e, por favor, saia da minha frente enquanto eu ainda estou pedindo com educação — disse Rosa.

Nesse instante, o grande felino macho pareceu mudar de fisionomia e começou a falar em outro tom bem mais ameaçador.

— Olha só, vamos deixar uma coisa bem clara aqui: eu é que estou te pedindo com educação e, se eu fosse você, relaxaria e aproveitaria a oportunidade para se divertir, porque, de outra forma, eu vou montar em você à força e essa não é a minha vontade, mas, se não tiver a sua colaboração, é assim que vai ser.

— Bom, deixa eu tentar te fazer entender: se eu não tivesse o meu parceiro, eu até pensaria em deixar as coisas acontecerem normalmente, mas no momento, eu não tenho nenhuma intenção de fazer nada com mais ninguém e menos ainda com um enrustido igual a você — falou Rosa.

— O que você quer dizer com enrustido? — perguntou o estranho.

— Bem, você acabou de dizer que, se estivesse no meu lugar, ou seja, se você fosse eu e tivesse um macho enorme querendo montar em você e te violentar, a sua atitude seria relaxar e aproveitar. Foi você quem disse isso e, só para concluir, você também confessou que montaria em mim à força e essa nem é sua vontade. Mais enrustido do que isso não dá, meu bem! Na verdade, você se revelou para mim com suas próprias palavras — respondeu Rosa.

A grande onça-parda avançou furiosamente contra Rosa, que reagiu, mas logo percebeu que não teria forças para impedir aquele macho de violentá-la, e então decidiu que iria lutar até a morte sem se entregar para aquele estranho. O felino macho se posicionou sobre ela, tentando forçá-la ao acasalamento, mas Rosa resistia usando toda sua força. No mesmo momento em que percebeu que não conseguiria evitar aquela violência contra seu corpo, ela ouviu um esturro raivoso e sentiu um forte impacto sobre si, junto com o alívio de ter se desvencilhado do seu agressor.

Rosa olhou para trás e viu Natan atacando a grande onça-parda com toda a sua fúria. E logo levantou-se para ir ajudá-lo na briga, mas, ao perceber que Natan tinha conseguido abocanhar com muita força o adversário e que ele aos poucos estava parando até mesmo de resistir, Rosa então interveio.

— Natan, deixa isso para lá!

Natan continuou a manter seus dentes a patas sobre o enorme felino, e Rosa então insistiu:

— Natan, por favor, deixe esse idiota para lá e vamos embora, isso não vela a pena.

Natan tirou seus dentes e suas patas de sobre o estranho, em seguida voltou-se para Rosa e os dois começaram a caminhar de volta à floresta.

A grande felino macho levantou-se com muita dificuldade e começou a caminhar em outra direção. Em seu focinho havia uma expressão de intensa dor e na sua mente havia só o arrependimento por ter feito aquilo.

Natan e Rosa caminhavam juntos e, ao longo da conversa, ele perguntou a ela:

— Você está bem? Tem certeza de que não quer que eu volte lá e mate aquele molestador?

— Não, meu amor, não precisa se preocupar. Com sorte ele vai achar outro macho igual a ele e os dois podem até ser felizes juntos e, aí, ele não será mais uma ameaça a nenhuma fêmea — respondeu Rosa.

— Eu não estou entendendo o que você está dizendo — afirmou Natan.

— Meu querido, todos esses machões que usam a força para agredir e violentar fêmeas têm um problema de autoaceitação — afirmou Rosa.

— Minha doce Rosa, eu como sempre não estou entendendo quase nada do que você diz e nessas horas eu lembro até da minha mãe, quando me disse para ter cuidado porque não seria bom eu me juntar com uma fêmea bem mais inteligente do que eu — falou Natan.

— Que bobagem, meu amor! Você é um macho muito forte e inteligente, só é um pouco mais limitado porque não tem o instinto apurado das fêmeas. — explicou Rosa.

— Então me explica o que esse tal instinto diz que é essa coisa de autoaceitação — disse Pablo.

— Meu amor, esses machões valentões, que usam a força, a agressividade e a violência contra as fêmeas, só fazem isso porque na verdade gostariam mesmo é de viver na companhia íntima de outros machos, mas, como eles não têm coragem de se assumir perante o bando, eles acabam sendo obrigados a viver dentro de um estereótipo equivocado de macho, ou seja, são obrigados a representar o tempo todo uma falsa fobia e intolerância em relação aos que tiveram a coragem de se assumir e vivem felizes, e, quando estão no cio, são obrigados a procurarem, a contragosto, as fêmeas e aí eles são sempre valentões espancadores e até estupradores, mas isso é tudo firula, esses falsos machos são mais delicados do que uma gatinha dengosa — afirmou categoricamente Rosa.

— Será que é isso mesmo, Rosa? — perguntou Natan, ainda titubeante ao ouvir as explanações de sua companheira.

— É claro que é, meu amor. Um macho de verdade jamais seria agressivo com uma fêmea, pois eles sabem que são mais fortes fisicamente, e elas são muito mais delicadas e sensíveis, e, portanto, o autêntico macho vai procurar tratar a fêmea com o máximo de cordialidade, gentileza e educação, pois ele sabe que, assim, vai ter muito mais chances de ser retribuído com uma intensa performance e animação da fêmea na hora do acasalamento — respondeu Rosa.

— Por falar em delicadas, você está exalando um cheiro maravilhoso e eu estou em um dos meus ótimos dias também — disse Pablo.

Nesse momento, Rosa parou de caminhar, olhou nos olhos de Natan e disse:

— Então, meu amor, não seja tímido e pode ficar à vontade, que eu agora estou muito animada e vou te mostrar o quanto posso ser performática também.

A casal de onças passou o resto daquela tarde por ali mesmo e, quando anoiteceu, se abrigaram e dormiram um bem agarradinho sobre o outro.

No dia seguinte, nas proximidades da restinga, um bando de capivaras e antas pastavam e conversavam, sempre atentos para não serem surpreendidas pelos humanos, pois estavam relativamente próximas da feitoria.

A certa altura da conversa, uma capivara que já havia se alimentado bastante e estava parada, olhando pensativa para o mar, voltou-se para a anta Pablo e perguntou.

— Pablo, me desculpe incomodá-lo, mas me responde uma coisa: você acha que o mundo tem um fim? Quero dizer, o que acha que existe além da linha do horizonte?

— Minha jovem amiga, essa é uma pergunta muito interessante e eu terei o maior prazer em respondê-la — disse Pablo, que parou de comer e se colocou bem na frente das capivaras e continuou:

— Bem, meninas, o nosso mundo com certeza tem um tamanho limitado, ou seja, ele está limitado aqui e nós estamos dentro dele nesse Universo. Basta olhar para cima, principalmente à noite, que nós vemos e percebemos o quão pequenos somos diante da imensidão de estrelas e demais corpos celestes que contemplamos lá no alto. Quanto ao nosso mundo, embora eu não saiba o tamanho exato dele, ainda assim, eu posso afirmar com certeza que ele é redondo como uma laranja e gira em torno de si próprio.

Nesse momento, as outras antas e capivaras pararam todas de se alimentar e se colocaram em volta de Pablo e tinham em seus focinhos uma expressão de espanto, ceticismo e perplexidade e, não demorou muito, uma outra anta questionou Pablo:

— Meu amigo, você ficou louco? Eu sempre respeitei as suas explanações sobre os mais diversos assuntos, mas, com todo respeito, eu tenho que admitir que talvez a idade avançada tenha diminuído a sua lucidez, eu acho que você está um pouco velho demais para estudar coisas desconhecidas e, principalmente, velho demais para nos ensinar.

Diante das palavras da outra anta, todos os presentes olharam ainda mais atenciosamente para Pablo, que calmamente se prontificou a responder ao comentário grosseiro que acabara de ouvir:

— Bem, meu amigo, eu nem mesmo lhe responderia, se você tivesse me desferido essa ofensa em particular, mas, como estamos na presença de muitos ouvintes, eu vou lhe responder. É verdade, eu já tenho uma certa idade, mas isso não significa que eu tenha que ser desmerecido por isso, muito pelo contrário, nós nunca devemos ter a pretensão e a arrogância de achar que já sabemos tudo nessa vida; independente da nossa idade, nós temos de estar sempre estudando e aprendendo, até para nos mantermos vivos, não importa a idade. O etarismo é uma forma horrível e ingrata de preconceito e nenhum de nós jamais deveria agir assim, até porque envelhecer pode não ser a melhor coisa da vida, mas a alternativa é bem pior.

— Perdão, Pablo, talvez eu tenha exagerado mesmo na minha forma de falar com você, mas é que você falou uma coisa tão absurda, que eu tive que intervir — respondeu a anta.

— O que você achou um absurdo? — retrucou Pablo.

— Ora, meu amigo, o mundo nos parece plano e parado e é assim que nós o vemos e, portanto, é assim que é — afirmou a anta.

Nesse momento, foi grande a expectativa pela resposta de Pablo, e todos prestavam a atenção a resposta e ele imediatamente respondeu:

— Bem, meus amigos e amigas, nem tudo que parece ser, é de fato. Basta olhar para cima e constatar que o Sol aparece todas as manhãs lá no final do horizonte, que, para nós aqui, fica localizado lá na direção do mar. Pois muito bem, conforme o dia vai passando, o Sol vai fazendo o seu deslocamento até o outro lado e, quando ele chega lá, o dia acaba e começa a noite. E aí vocês podem pensar: "então, é o Sol que se mexeu e não o nosso mundo". Mas eu afirmo que pensar assim é um erro, porque, na verdade, é o mundo em que nós estamos é que se mexeu, ou seja, além de redondo, está girando de alguma forma.

— Pablo, nós ainda não estamos convencidos disso — disse uma capivara, que parecia acompanhada de muitas outras em seu ceticismo.

— Bom, minhas amigas e meus amigos, eu convido vocês a fazerem dois experimentos bem simples: primeiro, basta vocês olharem aqui da praia para uma dessas embarcações dos humanos, quando elas estão indo embora. Vocês já perceberam que quando elas chegam lá longe, nós só conseguimos ver a parte de cima das velas? A parte de baixo, onde fica o casco de madeira, some primeiro. — E nesse momento todos concordaram unânimes e ele continuou: — Isso acontece porque existe uma curvatura, ou seja, não pode ser plano de jeito nenhum, é redondo e a prova está diante dos nossos olhos quando vemos o barco desaparecer na curvatura do mar. Mas vamos a outro exemplo que demonstra que o nosso mundo não pode ser plano como parece: imaginem uma grande árvore em meio a uma vasta planície. Se o nosso mundo fosse plano e vocês olhassem para longe, veriam a mesma paisagem se estivessem no chão ou no alto da árvore. Mas, como o nosso mundo é redondo, e por isso tem uma curvatura, ao subir no alto da árvore, será possível ver coisas que não estavam aparentes ao olhar estando no chão, ou seja, meus amigos e amigas, quanto mais alto vocês subirem, mais verão ao longo do horizonte, e isso se deve ao fato de que as partes do mundo que estavam ocultas, devido a sua curvatura, agora ficam evidentes porque a posição mudou.

Mais uma vez houve um alvoroço entre todos os ouvintes e eles agora concordavam e estavam convencidos das redondezas do mundo em que viviam e Pablo, ao perceber que conseguiu fazê-los entender o básico do empirismo acerca do assunto, resolveu, então, facilitar ainda mais o entendimento e continuou:

— Meus amigos e amigas, por fim, para que não fique nenhuma dúvida sobre o que eu estou lhes explicando hoje, eu vou lhes dar um último exemplo irrefutável acerca do assunto: vocês lembram quando acontece de às vezes de a Lua e o Sol se encontrarem sobrepostos um sobre o outro em pleno dia no céu?

Alguns responderam positivamente, enquanto outros disseram que nunca viram tal acontecimento, apenas ouviram histórias de seus pais e parentes mais velhos, dizendo que já tinham visto o dia virando noite de repente e voltando a se tornar dia em poucos minutos, por conta do encontro entre a Lua e Sol, um sobre o outro no mesmo lugar. E Pablo continuou.

— Bem, quando esse encontro da Lua e do Sol acontece no céu, nós podemos observar claramente durante o fenômeno que o nosso mundo passa entre a Lua e o Sol, o que faz com que o nosso mundo projete a sua sombra na Lua e, notem, que a sombra produzida é redonda. De onde se conclui que: se o nosso mundo fosse plano, como aparenta, mas não é, jamais produziria esse tipo de sombra. Resumindo o óbvio: A única forma de se produzir uma sombra curva, não importa em qual direção esteja a luz, é uma esfera, então, o nosso mundo só pode ser redondo.

As antas e capivaras ficaram muito felizes com a revelação que tiveram e cada um foi rapidamente para seu abrigo se juntar a sua família para compartilhar aquilo que aprenderam, mas uma última anta ainda ficou junto a Pablo e lhe perguntou:

— Pablo, e como você explica a existência do dia e da noite?

— Esse é mais um motivo que confirma a minha teoria. A razão está no fato de que o nosso mundo é redondo e gira sem parar em torno de si mesmo. Por isso, enquanto o Sol ilumina uma parte do mundo, o outro lado permanece na escuridão da noite. Além disso, se o mundo fosse plano, como pensam alguns animais, nós seríamos capazes de ver o Sol ainda que fosse de noite.

— É, realmente você está certo, Pablo, eu nunca tinha parado para observar isso, mas é sempre bom ter alguém como você por perto, porque, quando aprendemos coisas novas, parece que ficamos mais felizes —disse a anta.

Os dois se despediram e cada um seguiu o seu caminho.

Enquanto isso na floresta, Azedo retornava ao convívio dos seus pares e manteve perto de si seus apadrinhados e correlegionários mais próximos e, aos poucos, ele tentava arrumar uma solução para os problemas que afligiam a comunidade de primatas e, ao mesmo tempo, fazia uma certa oposição aberta à liderança do velho Ancião. Certo dia, ele resolveu empreender uma tentativa de buscar novos habitats longe dos visitantes, conforme o próprio velho Ancião havia prometido durante a sua campanha, mas agora, na liderança efetiva, era difícil sair de casa sem saber ao certo para onde ir.

Os Anciãos do Conselho se reuniram e resolveram permitir que Azedo formasse uma comitiva e que fosse averiguar, nas mais longínquas adjacências, se porventura haveria um lugar tranquilo para a capela migrar.

Dezoito dias se passaram depois da partida de Azedo e sua comitiva e, agora, ele se via mais uma vez em um imbróglio junto ao Supremo Conselho. A história dessa confusão foi a seguinte:

Em meio ao círculo de apadrinhados e correligionários, havia um bajulador que sempre era visto logo atrás de Azedo, e esse era um mico-leão-da-cara-preta, temido por todos em virtude do seu estranho comportamento na hora de se alimentar, pois, ao contrário dos outros macacos, que eram quase todos veganos, esse indivíduo em particular gostava de comer pererecas, ovos de pombos e até algumas serpentes, se facilitassem perto dele, ele as predava. Sua função junto a Azedo era de segurança e assessor ao mesmo tempo, e ele estava sempre acompanhando o chefe bem de perto, o que lhe rendeu a alcunha de "fiel escudeiro".

O fiel escudeiro era o responsável por fazer cumprir todas as ordens do chefe. Em certo dia, ele foi designado por Azedo para resolver uma situação pouco comum, mas que estava aborrecendo o chefe em demasia.

Tratava-se do seguinte: Azedo recebeu a autorização dos Anciãos para buscar um outro possível habitat para a capela, longe dos humanos visitantes. O argumento definitivo que ele usou era de que os macacos deveriam se antecipar aos acontecimentos dali em diante, pois, se os visitantes fossem continuar arrancando as árvores naquele ritmo, aquilo iria realmente abalar a subsistência de várias espécies, inclusive de primatas. Ele, então, resolveu se reunir entre seus assessores mais próximos, formou uma pequena comitiva, e esse grupo começou uma viagem longínqua junto com ele, para averiguar se existiriam outras áreas interessantes, que pudessem servir de moradia para o restante da capela.

Assim, cerca de uma semana depois, após a comitiva cruzar pela cerrado, pela caatinga e por diversos rios, eles chegaram a um lugar onde a floresta continuava e, lá chegando, Azedo estabeleceu novas relações com os primatas da localidade, contudo, ele percebeu rapidamente que os primatas dali tinham o seu nicho bem definido e se eventualmente outro enorme bando de primatas fossem coabitar, isso daria início a uma espécie de competição interespecífica anômala, por serem todos de uma mesma espécie, e muitos indivíduos possivelmente ficariam sem recursos na competição e acabariam por criar um ambiente de desordem, característico das espécies que alcançam uma superpopulação.

Três dias depois de sua chegada à nova localidade, Azedo e sua comitiva iniciaram a viagem de volta à floresta litorânea, mas antes, por ocasião da despedida, os anfitriões entregaram a Azedo como presente vários exemplares de duas frutas raríssimas da região. Tratava-se do abiu negro, que era um fruto arredondado e possuía uma casca escura e por dentro tinha uma polpa clara. O outro fruto, era uma espécie de cacau meio duro demais e pouco comestível, se o primata não tivesse dentes muito bons, e era colhido em uma árvore muito rara chamada Andreadoxa.

Ao chegar de volta a casa, Azedo dispensou sua comitiva e foi sozinho com sua parceira direto para sua árvore e logo se ajeitou no seu galho, que ficava a quase 20 metros do chão e em seguida adormeceu para descansar da longa jornada de volta para casa.

No dia seguinte, logo pela manhã, ele reuniu os membros do seu cercadinho que viajaram com ele e perguntou com quem estavam guardadas as frutas raras e, para sua surpresa, ninguém sabia quem exatamente tinha ficado encarregado de transportar o presente. E entre os que estavam ali reunidos, não estava com ninguém.

Azedo ficou furioso e chamou seu fiel escudeiro para tentar descobrir onde foram parar as frutas e quem o estava tentando enganar.

O fiel escudeiro, obedecendo ao seu chefe, começou imediatamente as suas diligências e logo descobriu que um dos micos da comitiva havia levado consigo as frutas e as havia entregado a um velho macaco Ancião do Supremo Conselho. O escudeiro, então, quis saber o porquê de o mico ter tomado tal atitude, haja vista que aquilo era um presente dado a Azedo.

O jovem mico justificou que estava próximo a Azedo por ocasião em que ele recebeu as frutas raras, e o anfitrião foi claro quando disse que aquele era um presente para todos os primatas dessa região e, por isso, era para Azedo trazer as frutas e distribuir entre os primatas daqui, para que eles, após comerem, dispersassem as sementes nas terras daqui e nós pudéssemos todos nos beneficiar desse fruto raro, que só existe lá, mas agora, existiria aqui também.

O fiel escudeiro, apesar de entender e concordar com a justificativa apresentada pelo mico, disse para ele que, por certo, o chefe Azedo não iria gostar nem um pouco de saber que aquilo tinha acontecido, portanto, era bom que ele não se aproximasse de Azedo por um longo tempo.

Mais tarde, naquele mesmo dia, o fiel escudeiro procurou Azedo e relatou o acontecido com as frutas. Azedo, então, determinou que o escudeiro fosse imediatamente procurar os Anciãos do Supremo Conselho e exigir que lhe fosse restituído o seu presente.

Ao chegar junto aos Anciãos, o escudeiro foi muito bem recebido. Contudo, eles não lhe devolveram as frutas e informaram que aquilo era um presente que foi incorporado ao patrimônio comum de todos os primatas locais, pois eram frutas raras e nunca vistas naquela região e, portanto, ficariam guardadas para serem distribuídas em um sorteio na época das chuvas, e os contemplados consumiriam e lançariam as sementes na terra, para que germinassem e, assim, as próximas gerações se beneficiariam das árvores novas que nasceriam por ali.

O fiel escudeiro foi novamente falar com seu chefe, e Azedo, ao receber o relato, ficou muito nervoso e inconformado e, após xingar várias vezes os Anciãos, ele ordenou que o escudeiro tornasse novamente a se reunir com o Supremo Conselho e explicasse que, na verdade, aquele era um presente que fora dado para sua parceira e para ele mesmo, pois o anfitrião, ao longo dos três dias que estiveram por lá, havia se afeiçoado muito por ela. E, portanto, o presente deveria ser devolvido imediatamente.

O escudeiro tornou a se reunir uma pela segunda vez com os Anciãos e falou tudo, conforme Azedo havia lhe orientado, ou seja, que as frutas eram um presente para a companheira dele e não para a comitiva que representava todo o bando e, por isso, deveriam ser devolvidas imediatamente.

O Supremo Conselho de Anciãos então, diante dos argumentos trazidos à baila pelo escudeiro, pediu a ele que esperasse um pouco e se reuniram a sós, e, logo em seguida, voltaram e informaram que, depois de ponderarem sobre o acontecido, chegaram à conclusão de que aquilo não era verdade, pois Azedo, ao contrário de muitos companheiros da sua espécie, que são poligâmicos, sempre foi monogâmico e por isso mesmo um péssimo exemplo de macaco-prego, pois nunca aceitou dividir sua parceira com ninguém, e, mesmo nas vezes que ela foi vista fazendo alguma saliência com outros machos do bando, ele sempre a puxava com violência de volta para a sua árvore e ainda batia um bocado na coitada, só porque ela gostava de seguir seu instinto natural de acasalar com outro macho de vez em quando; então, diante desse histórico de neurose injustificada de Azedo, tornava-se muito improvável acreditar que ele permitiu tal situação, já que ele sempre foi tão egoísta e nunca gostou de dividir parceira com ninguém.

Após retornar ao seu chefe e lhe contar o veredito do Supremo Conselho, Azedo, mesmo contrariado, deu o assunto por encerrado.

❧

Na Feitoria Lusitana, os pombos perceberam e relataram que os visitantes estavam planejando passar os últimos três dias antes de retornar a sua terra em uma grande caçada aos animais silvestres e, ainda segundo o relato dos plumados, a prioridade da caçada seria a captura de aves, macacos e felinos, e, nesse meio tempo, apenas poucos nativos e tripulantes iriam permanecer e trabalhar dobrado para carregar as últimas toras de madeira que abarrotariam o compartimento de carga da enorme nau, que partiria levando a madeira e, nessa última semana, o próprio Fernando de Noronha iria participar da caçada em terra, para comandar as investidas sobre os animais.

Ao ouvir o relato sobre a grande caçada dos visitantes na última semana de estadia por aqui, pois o navio já estava quase lotado de toras de madeira, Azedo e alguns de seus apadrinhados resolveram finalmente intervir em defesa dos animais e da floresta e, então, ele convocou uma reunião com todos os macacos da floresta.

— Senhores, é chegada a hora de agirmos, pois, segundo os relatos dos pombos, essa é a última semana em que essa embarcação ficará aqui, logo eles partirão levando toda a madeira que retiraram aqui da nossa terra, mas infelizmente não é só isso, pois eles também capturaram vários animais e estão pretendendo levá-los para longe de casa, e isso nós não podemos aceitar.

Nesse momento houve uma grande manifestação de apoio por parte de todos os primatas presentes, e a multidão aplaudiu e concordou imediatamente com as palavras de Azedo, e ele continuou falando:

— Companheiros, eu sei que muitos de vocês até gostariam de lutar conosco nessa batalha, mas isso não será possível, pois, apenas uma pequena parte de soldados do nosso valoroso exército comandado por mim mesmo é que vai se arriscar nessa empreitada.

Nesse momento um jovem macaco gritou do meio dos demais, que estavam ali presentes.

— Azedo, nós queremos lutar, por que não podemos ir também?

— Meus queridos primatas, eu entendo essa ansiedade de todos vocês em combater essa praga humana, mas não podemos subestimá-los e nem ignorar o fato de que eles são extremamente eficientes e habilidosos quando o assunto é brigar, destruir e matar. Sendo assim, nós não devemos medir forças com eles, e sim, usar a inteligência e, portanto, a nossa estratégia será a seguinte: Quando eles saírem para terra firme para caçar, a embarcação e a feitoria ficarão com pouquíssimos humanos, que estarão bastante ocupados no trabalho de arrumar as últimas toras e, nesse momento, eu e um pequeno grupo do exército vamos invadir a embarcação e ao mesmo tempo vamos manter vigiada a feitoria e, uma vez dentro do grande barco, nós vamos libertar todos os animais que estão presos e depois fugiremos o mais rápido possível para o interior da floresta, é esse o plano.

— Azedo, você não acha que talvez fosse melhor que nós todos fôssemos até lá e invadíssemos a feitoria e a embarcação e aí libertássemos todos os animais que estão presos lá dentro? — argumentou um outro macaco.

— Meu amigo, não podemos fazer desta forma, nós até pensamos nisso, porém, chegamos à conclusão de que não seria uma boa ideia por dois motivos: primeiro, se convocarmos a todos, muitos seriam voluntários porque têm seus filhotes e outros parentes lá, então, eles estarão emocionalmente envolvidos, e a emoção é uma péssima aliada da concentração; fora isso, ainda tem a questão do despreparo, ou seja, não basta ter vontade de ajudar e não ter não ter nenhum preparo físico para essa missão e, segundo, se forem todos para cima deles na feitoria e na embarcação, com certeza eles conseguirão dar o alarme, e os humanos visitantes voltarão rapidamente e aí é bem possível que morram muitos de nós, e eles ainda consigam capturar mais algumas centenas de nós também. Portanto, essa ideia foi considerada, mas descartada, pelo bem de todos.

A reunião se prolongou por mais algum tempo e, ao término, ficou acertado que a estratégia de Azedo era realmente a melhor e menos arriscada para libertar os animais que estavam em cativeiro dentro da feitoria e na embarcação.

Um dia antes desses acontecimentos, Natan e Rosa repousavam sobre uma enorme pedra às margens de uma cachoeira, enquanto a sua volta, começavam a dispersar-se várias outras onças-pardas e pintadas e também lobos-guarás, que minutos antes estavam reunidos, mas agora partiam, cada um para o seu lugar de repouso, por conta do entardecer que se aproximava rápido, representado pela enorme coluna de sombra que se agigantava naquele ponto da mata e avançava, crescendo cada vez mais, enquanto o grande astro-rei se recolhia calmamente atrás das montanhas mais distantes que as vistas de todos os animais conseguiam alcançar.

— Natan, afinal de contas, o que ficou decidido neste encontro? — perguntou Rosa, que acabara de acordar de sua soneca prolongada de todas as tardes.

— Minha querida doce Rosa, procure não se preocupar com isso, você não está em condições de se envolver nesses pormenores agora — respondeu Natan.

— Eu sei, meu amor, mas eu quero pelo menos saber o que a alcateia está tramando, porque eu nunca vi vocês tão unidos quanto agora, fora o fato de que você também nunca foi de muita conversa com lobos-guará e onças-pardas, mas agora de repente estão até planejando coisas juntos, então eu quero saber do que se trata — falou Rosa, pressionando seu parceiro.

— Está certo, querida, você tem razão, eu só não comentei antes para não te causar nenhum tipo de preocupação irrelevante, porque você está prenha e agora com esse barrigão que está cada dia maior e que te deixa linda, mas também muito lenta, você não deve, ou para ser mais claro, eu não quero que você se exponha a riscos e fique se preocupando com nada. Eu quero apenas que você tenha um parto tranquilo e seguro e que nossos filhotes nasçam bem saudáveis e seguros — falou Natan.

— Meu amor, eu entendo a sua preocupação e agradeço muito, mas agora, será que dá para você me contar o que está acontecendo, o que vocês estão tramando? — insistiu Rosa.

— Bem, minha doce Rosa, acontece que existe um boato de que os humanos de pele alva vão partir nos próximos dias, mas, antes de irem embora, eles estão planejando investir em algumas caçadas aqui dentro da mata — explicou Natan.

— Meu amor, o que nós vamos fazer? acho que nós devemos ir embora agora mesmo falou Rosa, com uma expressão bastante assustada.

— Meu docinho, calma, nós não vamos fugir, nossa alcateia vai atacá-los — falou Natan, que tinha em seu olhar um brilho intenso, que parecia ainda mais reluzente, quando ele falava a respeito de humanos.

— Natan, você enlouqueceu? Por acaso você quer morrer? Você sabe perfeitamente que os humanos, apesar de serem fisicamente muito inferiores e fracos diante de nós, eles sempre surpreendem pela astúcia, e o raciocínio deles parece que lhes permite se anteciparem ao futuro, é como se eles tivessem um instinto de adivinhação, eles são muito espertos, sabem se esconder e se camuflar e usam objetos mortíferos com muita habilidade, eles são invencíveis e perigosos, não dá para desafiarmos a capacidade deles — argumentou Rosa.

— Minha doce Rosa, nós sabemos disso tudo, mas amanhã de manhã, nossa alcateia vai tentar mudar essa história, nós vamos até a feitoria e, quando eles saírem para nos caçar aqui na mata, nós entraremos na casa deles e libertaremos todos os animais que estão presos lá dentro e, se por acaso tiver algum humano por lá, nós vamos desossá-lo com todo prazer – falou Natan.

— Meu amor, você tem certeza de que realmente quer fazer isso? — perguntou Rosa, que tinha uma expressão de preocupação escancarada em seu focinho e, antes mesmo de ouvir uma resposta de seu parceiro, ela continuou expondo suas considerações: — Amanhã já vão se completar 102 dias que nós nos acasalamos pela última vez então eu, como fêmea, sei perfeitamente que, no decorrer desta semana, nossos filhotes podem nascer a qualquer momento, e eu gostaria muito que você estivesse ao meu lado nessa hora. Eu não quero que chegue o momento do parto e eu tenha de estar só, eu quero o meu macho e pai dos meus filhotes comigo para que eu possa me sentir segura, tranquila e não me preocupar com mais nada.

— Minha doce Rosa — falou Natan. — E nesse momento, ele se aproximou ainda mais de sua parceira e colocou suavemente o seu pescoço em contato com o pescoço da companheira, ao mesmo tempo, ela se achegava ainda mais ao dorso dele para sentir o calor e os batimentos acelerados do enorme felino e, durante alguns minutos, macho e fêmea ficaram ali se acariciando em silêncio e, passados certo tempo, Natan tornou a falar:

— Minha doce Rosinha, eu prometo a você que amanhã, assim que eu fizer o que combinei com a alcateia, eu volto para você o mais rápido possível e nós iremos embora para longe daqui.

— Tudo bem, meu amor, eu respeito a sua decisão e a sua coragem. Eu sei que você faz isso seguindo seus instintos naturais, e eu vou ficar aqui te esperando para irmos juntos recomeçar a vida em outro lugar, longe de humanos brancos — falou Rosa.

O casal de onças-pintadas procurou um lugar bem aconchegante por entre as enormes raízes expostas de uma grande árvore e ali se acomodaram para passarem a noite, que já estava chegando, pois a sombra do entardecer se dissolvia rapidamente à medida que a escuridão total começava a se impor por toda extensão da floresta.

Capítulo 8
A MISSÃO DE RESGATE

Aconteceu em uma sexta-feira, a última antes da partida da Nau Bretoa, que estava programada para o domingo seguinte. A luminosidade do crepúsculo anunciava o fim da madrugada. A Lua se recolhia timidamente atrás das montanhas, já sem refletir brilho algum e completamente apática em seu silêncio peculiar. Ao mesmo tempo que as últimas estrelas se apagavam rapidamente no céu, parecendo não querer aborrecer ou ofuscar o brilho do grande astro de todos os dias, que, por sua vez, começava a se levantar atrás do oceano no outro lado do horizonte e parecia observar vagarosamente tudo a sua frente e, sem nenhuma pressa, começava e se erguer e flutuar acima dos céus e a arder incandescente sobre o mar, dando início ao seu percurso aéreo de todos os dias.

Sete pequenos barcos deixavam a nau, trazendo a tripulação para começar a caçada em terra firme. A cerca de 500 metros da praia, a gigantesca embarcação cargueira agora estava praticamente sozinha, pois tinha apenas dois tripulantes e quatro pataxós, que ficaram trabalhando no compartimento de cargas, e eles iam e vinham da feitoria usando um barco e uma jangada para trazer, de uma em uma, as últimas toras de madeiras que ainda restavam em terra firme, aguardando o embarque.

Escondidos na mata, o grupo de macacos do exército comandados por Azedo observavam e aguardavam o momento em que os humanos visitantes se embrenhassem na floresta para que eles, então, furtassem um barco e fossem em direção à nau, para libertar os animais que estavam lá presos há várias semanas.

Os visitantes ainda passaram boa parte da manhã reunidos na feitoria e planejando os detalhes de sua caçada. Uns terminavam a confecção de pequenos alçapões para serem deixados em locais estratégicos com iscas para atrair e capturar pássaros exóticos, enquanto outros preparavam armadilhas para serem instaladas em diversos pontos da mata, a fim de capturar macacos e felinos e, por fim, outros grupos de visitantes afiavam flechas, regulavam arcos e verificavam suas diversas redes, com as quais pretendiam capturar e aprisionar o maior número possível de animais silvestres para poderem vendê-los em sua terra natal.

❧

O Sol já havia percorrido quase metade do seu percurso diário no céu e, como era de se esperar, mantinha a tradição de arder incandescente, irradiando vida e calor, muito calor, sobre todos os seres viventes, tanto na superfície das águas quanto em terra firme, e os seus raios de luz, como sempre, indiscutivelmente incidiam sobre todos da mesma forma, sem discriminar e nem poupar ninguém.

Mesmo debaixo do sol forte e do calor escaldante, os visitantes começaram a adentrar pela floresta, municiados com seus aparatos bélicos, para capturar e matar, se necessário, todos os animais que encontrassem pela frente. De repente, os macacos perceberam que era chegada a hora, pois os humanos visitantes começavam a partir em pequenos grupos e, passado algum tempo, todos se foram para caçar, deixando apenas seis humanos, que estavam bastantes ocupados indo e vindo da feitoria ao grande barco, levando de tora em tora, uma de cada vez, e não tinham nenhuma preocupação em vigiar nada, apenas trabalhavam concentrados na sua tarefa e, por isso mesmo, não perceberam a aproximação dos animais no entorno da feitoria.

Azedo e seu grupo permaneciam escondidos por entre as folhagens no alto de uma grande árvore às margens do litoral e tinham uma visão panorâmica de toda a feitoria e, por isso mesmo, o grupo foi o primeiro a perceber a aproximação de uma alcateia de onças e lobos-guará, que começava a cercar o entorno da feitoria. Em um primeiro momento, eles acharam que aquilo seria um grande problema, mas logo perceberam que havia outros animais mancomunados com os felinos e concluíram, então, que a alcateia com certeza resolveria a questão da libertação dos animais aprisionados em terra firme, e o grupo de macacos agora só precisava se preocupar em invadir sorrateiramente a gigantesca Nau Bretoa e libertar as aves e animais, sendo que, no caso dos bichos, eles ainda teriam que nadar até a praia para alcançar a liberdade.

Já era o início da tarde e o sol já havia cumprido metade do seu percurso diário e estava centralizado exatamente no meio do céu, quando um grupo de onças adentrou e se escondeu nas dependências da feitoria. Nesse momento, nenhum dos humanos estava presente, pois eles ainda não haviam retornado da grande embarcação, onde haviam ido para acondicionar uma tora de ibirapitanga. Nesse momento, Azedo aguardava o momento em que os visitantes deixariam a nau e retornariam até a feitoria para pegar outra tora para embarcar, e seria exatamente nesse interstício de tempo que ele e seu grupo entrariam na grande embarcação para cumprir a missão que todos esperavam dele e assim, com certeza, — imaginava ele em seus pensamentos — se fosse bem-sucedido, jamais teriam novamente motivo ou coragem para contestar a sua liderança à frente da capela.

Poucos instantes se passaram e finalmente os humanos e nativos deixaram a nau em seu pequeno barco, que ao mesmo tempo rebocava uma jangada, que servia para transportar a madeira até o navio, mas Azedo percebeu que, ao invés dos seis humanos, apenas cinco retornavam para a feitoria, um permaneceu a bordo; mas, de toda sorte, a missão teria que seguir em frente conforme o combinado. E assim foi: logo que os humanos desembarcaram na praia e começaram a caminhar em direção ao grande depósito onde guardavam a madeira, Azedo e seu grupo desceram das árvores e, assim que os humanos entraram na feitoria, os bichos pegaram um dos barcos e foram em direção ao navio, sem serem vistos por ninguém.

No interior da feitoria, os humanos foram todos juntos em direção ao fundo da instalação, onde restavam ainda algumas poucas dezenas de toras de madeira, esperando pelo embarque. Ao se aproximarem, um nativo que pertencia ao grupo sentiu um forte cheiro de felinos e rapidamente avisou aos demais que havia alguma onça escondida ali por perto, mas, antes mesmo que eles pudessem tomar alguma providência, ou mesmo ponderar sobre a hipótese ser verdadeira ou apenas uma equivocada desconfiança, todos ouviram um esturro e ninguém duvidou do olfato apurado do nativo que, desde de sua infância, fora criado no ambiente silvestre e conhecia a fundo o comportamento e até mesmo o cheiro característico de cada espécie de animal da mata onde vivia.

Os humanos correram em direção a uma pequena sala que havia sido construída para abrigar o escritório de Noronha dentro da feitoria. Na sala, havia ainda um pequeno cômodo onde foi instalada uma latrina para uso exclusivo do chefe, e foi ali, dentro do pequeno escritório, que todos se esconderam rapidamente e, após se trancarem por dentro, puseram imediatamente vários obstáculos sobre uma pequena janela e tantos outros junto à porta e, por entre as frestas das fileiras de tábuas que formavam a parede, eles podiam ver assustados a alcateia de onças farejando e rosnando, ao mesmo tempo que procuravam um jeito de entrar na sala.

Escondidos no pequeno escritório, os humanos estavam completamente apavorados e no íntimo de cada um havia um enorme medo da morte, que estava ali do lado de fora da sala, esperando por eles. E a morte tinha a aparência peluda, amarelada, com várias manchas negras em formato de roseta, dentes enormes, pontiagudos e bem amolados e nos seus olhos não restavam dúvidas de que ela estava ansiosa para entrar a qualquer momento e fazer sentir seu bafo quente sobre a pele humana, enquanto os mastigaria sua pressa alguma.

Enquanto isso, em diversos pontos da floresta, os visitantes avançavam em sua caçada, e, ao longo do caminho, eles colocavam diversas armadilhas escondidas por entre a vegetação. Nas margens da lagoa, um grupo avistou um bando de capivaras e imediatamente começou a atirar lanças e flechas em direção aos roedores que correram em direção ao manguezal.

Ao longo da investida, quase todos conseguiram escapar, mas alguns sucumbiram à caçada e acabaram virando um troféu para o grupo de humanos.

Poucos minutos depois, a capivara Eunice se aproximou do córrego onde várias antas pastavam e logo foi de encontro ao seu amigo Pablo e, com uma expressão de tristeza em seu focinho, ela perguntou.

— Pablo, por acaso você viu a Clarinha por aqui?

— Minha amiga, eu a vi sim, agorinha mesmo ela estava aqui acompanhada pelos lindos filhotes, mas agora não sei para onde ela foi — respondeu a anta.

— Pablo, eu não sei como eu vou fazer para ter coragem de falar com a minha sobrinha, mas... — nesse momento, a velha capivara soluçou profundamente e depois continuou a falar.

— O Aníbal acaba de ser morto lá do outro lado da lagoa azul.

— Ah não! Que tristeza! — disse Pablo, com um olhar consternado. — Você tem certeza disso, Eunice?

— Infelizmente sim, meu amigo, eu vi acontecer e foi muito triste.

— Eunice, me desculpe por te perguntar, mas é importante também pra você falar sobre o que você viu, isso ajuda muito no seu processo de cura mental, pois esse tipo de acontecimento costuma nos traumatizar e, quanto mais rápido você desabafar com alguém, melhor; então, por favor, me conte o que aconteceu.

— Bem, Pablo, nós estávamos todos juntos conversando e comendo nas margens da lagoa azul e, de repente, os humanos surgiram do nada e eles começaram a atirar lanças e flecha para todo o lado, e eles gritavam, sorriam de alegria cada vez que acertavam um de nós. Houve uma hora em que eu me escondi dentro da vegetação e fiquei ali parada, sem que eles me vissem e nessa hora eu vi um grupo de quatro humanos sorridentes, comemorando que haviam abatido um de nós. Quando levantaram um pouco o corpo, eu pude ver que era o pobre Aníbal, que tinha levado uma flechada bem no meio da barriga. Eles sorriam muito de felicidade diante da morte dele e, em seguida, simplesmente atiraram o corpo dele sobre o barranco e disseram que não iriam comê-lo porque ele estava infestado de carrapatos.

— Bom, minha amiga, isso é realmente muito triste, mas precisamos continuar. A vida continua, e, apesar de os seres humanos não darem o menor a valor à vida, ainda assim, a vida continua, ela sempre insistirá em continuar, com eles ou sem eles — falou Pablo.

❧

Dentro da feitoria, os animais encontraram pequenas jaulas feitas de bambus de vários calibres, sendo uns finos e outros bastantes grossos; eles avançaram sobre as jaulas e soltaram todos os animais, e destruíram com os dentes e algumas patadas as diversas gaiolas que serviam de viveiros para manter presos diversos pássaros.

Na água, dentro de um pequeno bote, Azedo e seu grupo chegavam à grande embarcação, e rapidamente os macacos começaram a entrar no navio, escalando pela corda bastante grossa, que mantinha a âncora no fundo do mar e, segundos depois, já estavam dispersos entre a popa e a proa e, a partir dali, seguiram para o interior da embarcação a fim de libertar todos os animais que encontrassem.

Um primeiro macaco adentrou nas dependências internas e, ao se deparar com as anteparas em um enorme corredor com dezenas de portas, ele concluiu que o navio era bem maior por dentro do que aparentava por fora e, nesse momento, ele percebeu que até achar o lugar onde estavam os animais aprisionados seria mais difícil do que presumiram, e ele seguiu em frente, procurando, e seus companheiros faziam a mesma coisa, espalhados pela embarcação.

Em certo momento, Azedo localizou um compartimento perto da entrada do depósito de carga e dentro havia algumas jaulas com várias onças e lobos-guarás aprisionados, ele então imediatamente percebeu que o mecanismo que mantinha as portas fechadas era muito simples e bastava girá-lo para que a jaula se abrisse; nesse mesmo momento, ele começou a soltar a todos.

Ao chegar no compartimento seguinte, ele percebeu que seus companheiros haviam encontrado a carceragem onde estavam sendo mantidos os macacos, e eles já haviam libertado quase todos os primatas, mas ainda havia alguns muito novos que precisariam de ajuda na fuga.

Azedo já havia soltado centenas de pássaros e dezenas de felinos e macacos, mas, ao chegar ao final de um grande corredor, ele se deparou com uma sala onde estavam sendo mantidas amarradas, pelas pernas, duas jovens macacas. Azedo, então, começou a se esforçar para desamarrá-las e, enquanto tentava, começou a conversar com elas e a tranquilizá-las.

De repente, ouviu-se um grande tilintar de sino tocando, e todos, até mesmo os animais e humanos que estavam em terra, podiam ouvir aquele som intermitente vindo do alto da embarcação.

Azedo foi até o corredor e perguntou a outro macaco o que estava acontecendo na parte de cima do navio, e então o macaco respondeu:

— Senhor, havia um humano a bordo e, quando as onças e lobos começaram a circular no navio, esse humano correu rapidamente para aquele mastro lá no alto e lá de cima ele começou a fazer esse barulho, mas eu acho que está tudo bem.

— Bom, meu amigo, vá até lá em cima e mantenha as coisas sob controle e não se esqueça de orientar a todos sobre a necessidade de pular na água e chegar até a praia, eles vão precisar que alguém os encorajem a isso; daqui a pouco vou lá em cima me juntar a vocês — falou Azedo.

O nervosismo era grande entre os animais que haviam acabado de ser libertados dentro do navio. Milhares de canários, trinca-ferros, bem-te-vis, andorinhas, calopsitas, pica-paus e papagaios voavam rapidamente em direção à floresta ao mesmo tempo que os outros bichos corriam de um lado para outro no convéns, tentando achar uma saída, e todos estavam extremamente estressados em virtude dos dias que passaram em cativeiro no interior do navio, sem ver a luz incandescente do sol e, enquanto procuravam ansiosos por uma saída, o humano tocava insistentemente o sino, que parecia estar fazendo um barulho cada vez mais alto.

Em terra firme, vários humanos já estavam agrupados, retornando correndo em direção à feitoria, enquanto outro grupo, inclusive o próprio Noronha, pegava os dois pequenos barcos e remava rapidamente em direção à nau. Nesse momento, os bichos, ao perceberem a aproximação dos barcos, começaram a pular na água para tentar alcançar a praia a nado e depois fugir.

Enquanto isso, do lado de fora da feitoria, o grupo de humanos tinha diversas redes e diversas flechas apontadas à entrada, esperando para enfrentar os animais e, aos poucos, eles aguardavam do lado de fora e iam abatendo um a um, as onças e felinos que tentavam sair do interior da feitoria.

Dentro da feitoria, quatro onças e seis lobos-guarás tentavam achar uma forma de entrar no pequeno escritório feito de paredes de madeira, mas, apesar das tentativas, nenhum membro da alcateia conseguia encontrar uma forma de transpor ou derrubar a porta e, por entre as frestas das tábuas que compunham a parede, eles podiam observar e constatar o desespero dos humanos, e aquele odor do medo que eles exalavam e servia para encorajar ainda mais a vontade da alcateia em fazer justiça, e a vontade de alcançá-los aumentava a cada minuto.

Contudo, um lobo-guará entrou correndo e gritando.

— Acabou, acabou, acabou, eles estão vindo, nós temos que ir embora.

A alcateia custou a entender o que o lobo estava dizendo e ele repetiu mais algumas vezes, até que finalmente todos conseguiram decifrar o que o lobo assustado estava falando.

Nesse momento, a alcateia percebeu pelo cheiro e pelo som a aproximação de humanos do lado de fora da feitoria, no entanto, alguns não se intimidaram e continuaram ali, enquanto outros resolveram sair para atacar ou fugir dos humanos do lado de fora.

Os felinos que ficaram dentro da feitoria começaram a ouvir muitos gemidos de dor intensa vindo dos lobos e o esturro das onças também se ouvia alto, e eles logo perceberam que alguma situação muito desfavorável aos animais estava ocorrendo do lado de fora. Houve, então, um clima de tensão e nervosismo entre os que ficaram do lado de dentro, mas, embora uma centelha de medo existisse dentro de cada um, nenhum deles, até aquele momento, pareceu querer recuar, mas algo já parecia diferente e já não estavam tão confiantes como no início da empreitada.

Uma onça-pintada se aproximou vagarosamente da grande passagem que servia de porta de entrada e saída da feitoria e, ao olhar o que estava acontecendo do lado de fora, ela constatou que havia sangue por todos os lados e que duas onças e cinco lobos estavam abatidos no chão, e seus corpos haviam sido perfurados por lanças e flechas e estavam caídos sem ninguém por perto. Quando olhou atentamente para a vegetação e para diversos objetos que formavam uma espécie de trincheira em volta da feitoria, a onça percebeu que muitos homens estavam escondidos ali, observando e esperando para surpreender e matar cada um dos animais quando saíssem pela porta da feitoria. Ela, então, voltou para o interior da instalação, reuniu-se com os seus companheiros e disse ao restante do grupo:

— Os humanos estão escondidos lá fora e eles mataram quase todos do nosso clã, e o restante provavelmente fugiu.

Um lobo-guará, que estava babando pelos cantos da boca, falou assustado:

— Então eu acho que nós devemos tentar fugir todos juntos, de uma vez só, agora mesmo.

— Esperem! — disse Natan. — Se os humanos estão esperando na saída, então é melhor ficarmos todos aqui, aguardando o anoitecer, pois à noite eles não enxergam tão bem quanto nós, e aí teremos a vantagem outra vez.

— Eu não sei se isso é uma boa ideia, e se eles entrarem aqui atrás de nós?— perguntou outro lobo.

— Se eles entrarem, nós mataremos todos eles aqui e, enquanto isso, podemos encontrar um jeito de matar esses que estão escondidos ali dentro. — falou Natan, olhando para o pequeno escritório onde, por algum motivo que o felino desconhecia, três, dentre cinco humanos, estavam ajoelhados no chão e pareciam falar sozinhos, olhando para cima com as mãos erguidas, e todos pareciam apavorados.

Alguns momentos se passaram e uma parte dos membros da alcateia pareceu simplesmente ter esquecido do que acabaram de combinar e saíram correndo porta afora. Eram quatro lobos e uma onça, e apenas dois lobos conseguiram se embrenhar na mata. Os outros dois foram abatidos por lanças, e a onça foi capturada viva, ao se ver presa em uma rede que estava escondida em algum lugar não identificado.

Dentro da feitoria, Natan percebeu que só havia mais uma onça-parda e dois jovens lobos-guarás que pareciam mais cansados e sedentos do que no início da invasão. A alcateia estava resumida a apenas quatro membros, e ele, então, já bastante consciente de que era grande a possibilidade de não conseguir sair com vida daquela situação, caminhou até próximo à entrada da feitoria e viu os corpos abatidos de seus companheiros caídos às margens do caminho e viu também a grande onça-pintada presa, cativa em uma rede, tentando inutilmente se desvencilhar. Ao mesmo tempo que olhava o desfecho da situação, ele sentia através do seu apuradíssimo olfato a presença de muitos humanos por perto e, embora não pudesse ver nenhum naquele momento, ele sabia que estavam ali bem perto, escondidos e esperando.

Natan retornou para o interior da instalação, onde a outra onça arranhava as tábuas de sustentação da porta do pequeno escritório sem êxito. Ele viu também os últimos dois lobos-guarás, que a essa altura andavam de um lado para o outro, parecendo estarem desorientados por conta do medo que sentiam por estarem acuados. Nesse momento, ele se aproximou da onça e falou:

— Acho que esse será o fim!

A onça-parda nada respondeu e apenas continuou a arranhar ainda mais fortemente a tábua da porta do escritório e pareceu não ouvir o que Natan acabara de dizer. A onça-parda parecia desnorteada e ao mesmo tempo concentrada demais em adentrar naquele escritório, e nada mais parecia interessar.

Natan olhou a sua volta por alguns instantes e percebeu que nunca mais veria sua amada, doce Rosa, e nem mesmo chegaria a ter a alegria de conhecer seus filhotes que iriam nascer a qualquer momento. Ele, então, caminhou se distanciando por cerca de 30 metros da porta do escritório e, enquanto andava bem devagar, ele lamentou profundamente não ter dado ouvidos a sua parceira e ter ido embora no dia anterior. No seu acelerado coração de felino, o ódio pelos humanos cresceu ainda mais naqueles últimos minutos e, sabendo que seria morto de forma impiedosa, ele parou, fez meia-volta e se colocou de frente para a porta do escritório e, antes de iniciar a sua última corrida, ele sussurrou.

— Me perdoe, minha doce Rosa.

Natan, uma enorme onça-pintada, arrancou em alta velocidade e se atirou contra a porta do pequeno escritório, que cedeu com o impacto.

Os homens dentro do recinto gritaram apavorados ao ver que as duas onças e os dois lobos furiosos estavam entrando.

Os gritos eram de pavor e, alguns segundos depois da invasão, uma dezena de humanos chegou correndo para socorrer seus amigos, e as duas onças e os dois lobos foram abatidos.

Três homens foram mordidos e ainda conseguiram caminhar mesmo feridos, um outro, teve que ser carregado, pois estava em estado de choque, e um já estava morto e tinha uma enorme mordida que lhe dilacerou o pescoço e um pedaço considerável de sua pele; estava preso e cravejado por entre os dentes de Natan, que morreu alvejado por três lanças em suas costas, que foram atiradas pelos nativos e brancos. Natan morreu com olhos abertos.

Longe dali, deitada aos pés de um enorme cajueiro, Rosa estava ofegante e procurava respirar da forma mais sincronizada possível para evitar o desconforto das contrações. Na sua mente, procurava lembrar-se das lições que sua mãe lhe havia ensinado acerca do parto, pois sabia que a hora da dar à luz estava muito próxima, mas, ainda assim, não conseguia parar de se preocupar com Natan.

Enquanto estava em trabalho de parto, deitada sozinha ao pé da árvore, Rosa percebia com todos os seus instintos que a mata nunca estivera tão perigosa para os animais. A jovem onça podia sentir no ar a aflição dos animais em fuga voltando para seu lar e, ao olhar para cima a sua volta, ela podia observar uma revoada intensa de pássaros. A floresta vivia o dia mais agitado de todos os tempos na vida de quase todos os animais.

Alguns minutos se passaram e Rosa sentiu pela primeira vez suas tetas serem abocanhadas por três filhotes, ela tratou de se acomodar melhor e, embora estivesse bastante aflita pela ausência de seu parceiro, ela também estava feliz por experimentar a maternidade pela primeira vez. Não demorou muito, os filhotes adormeceram sobre ela, sendo que um deles sequer tirou a boca das tetas da mãe. E Rosa também, por estar exausta e saber que já era quase o momento do pôr do sol, adormeceu ali mesmo.

Dentro da grande embarcação, o fiel escudeiro percorria afoito por todo o navio à procura do chefe Azedo e, finalmente, depois de uma longa busca, ele o encontrou em uma sala, conversando calmamente com as duas jovens e sem mais delongas foi logo falando:

— Chefe, nós temos que ir embora agora, os humanos estão chegando.

— Meu amigo, eu só preciso de mais um tempinho aqui — respondeu Azedo.

— Mas como assim? Do que você está falando? — perguntou o aliado.

Azedo pegou o aliado pelo braço e o conduziu até a porta, e, lá chegando, ele falou em um tom de voz baixo, para que ninguém mais pudesse ouvir.

— Olha só, eu estava conversando com as jovenzinhas ali, e parece que pintou um clima, então eu vou ficar aqui com elas só mais um tempinho, e daqui a pouco eu subo para ver o que está acontecendo.

— Chefe, você só pode estar brincando, é muito arriscado isso.

— Meu amigo, a vida sem um risco não tem a menor graça, e agora pode ir, que preciso de privacidade aqui com essas jovens.

— Chefe, tem certeza?

— Eu já mandei você ir, então vai logo, não perde tempo.

Na proa da embarcação, o restante dos macacos do exército tinha consigo macaquinhos muito novos e outros bastante idosos, e nenhum deles tinha destreza para pular no mar e nadar até a praia, pois era uma distância de cerca de 500 metros até alcançar a arrebentação. Havia também vários felinos e alguns já haviam pulado na água, enquanto outros pareciam aguardar a coragem surgir e expulsar o medo que sentiam de não conseguirem chegar a nado até a praia que estava a sua frente. Em certo momento, os macacos do exército perceberam que precisariam abandonar a todos se quisessem salvar a si próprios, e nesse momento, em meio à confusão, o fiel escudeiro convocou todos rapidamente no convés para uma reunião.

Em meio à enorme bagunça de animais correndo por todos os lados, os macacos se reuniram.

— Companheiros, nós fizemos o nosso melhor e, a partir desse momento, temos que dar a missão por cumprida e voltar para a floresta, pois tudo que poderíamos fazer, nós já fizemos e agora temos que voltar pra não sermos capturados aqui. Eu agradeço a todos pela coragem e o esforço de terem vindo até aqui, mas agora vocês estão todos dispensados, pulem na água imediatamente e voltem para suas famílias — disse o fiel escudeiro de Azedo.

— Mas onde está o chefe? — perguntou um outro macaco.

— Ele está ocupado resolvendo outra coisa lá embaixo — respondeu o fiel escudeiro.

— Mas e quanto aos animais que ainda estão aqui? — perguntou outro macaco.

— Meus amigos, os humanos estão chegando, então não existe mais nada que nós possamos fazer. Quem quiser se salvar, terá que pular na água e nadar até a praia, ou é isso, ou então, eles voltarão para as jaulas. — respondeu o fiel escudeiro de Azedo.

Os macacos de exército começaram a gritar, dando ordens para que todos pulassem na água e nadassem até a praia, e eles mesmo pularam todos, exceto o fiel escudeiro. No mesmo momento em que quase todos se atiravam no mar, os pequenos barcos trazendo os humanos chegavam ao navio.

Antes mesmo de os humanos começarem a subir a bordo, vários felinos e lobos-guarás já haviam sido atingidos por flechas atiradas pela tripulação dos dois pequenos barcos. Ao perceber o perigo ao redor, muitos felinos, lobos e macacos se atiraram ao mar e nadavam rapidamente até a praia, mas outros, os mais novos, não conseguiram coragem e retornaram ao interior da Nau e começaram a tentar se esconder dos humanos nas dependências internas do navio.

Azedo estava trancado em uma sala com as duas jovens que ele libertou, enquanto seu fiel escudeiro corria ao seu encontro em uma última tentativa de avisá-lo da chegada dos humanos. Todos os outros oito macacos do exército já haviam fugido, e só restavam ele e o chefe e, ao chegar à sala, o aliado bateu na porta, gritando.

— Senhor, precisamos ir, os humanos estão começando a subir as escadas e logo eles estarão todos aqui.

— Calma aí, meu amigo, só mais um minutinho, eu já estou quase acabando aqui — respondeu Azedo.

Naquele exato momento, o grande, forte e habilidoso macaco-prego, orgulhosamente conhecido por todos como fiel escudeiro de Azedo, percebeu que seu chefe não estava tão interessado na libertação dos animais, ele parecia só se importar com seu próprio prazer.

O fiel escudeiro foi tomado por um sentimento de revolta e decepção e foi andando calmamente até o convés novamente, como se nenhum perigo mais lhe importasse. Ele parecia ter desistido de salvar a si mesmo e, lá chegando, ele olhou a sua volta e viu alguns animais pulando no mar e viu também um macaco velho cauda-de-leão, que havia sido solto e estava ajudando alguns dos seus a criar coragem para cair no mar.

O velho macaco, ao ver o fiel escudeiro, foi até ele correndo e falou:

— Companheiro, vamos embora, todos os seus amigos já se foram também.

— Não, eu não vou — respondeu ele.

— Como assim você não vai? Os humanos estão chegando aí e, se eles nos pegarem, nós vamos ficar presos para o resto de nossas vidas — falou o velho macaco.

— Talvez isso não seja a pior coisa da vida, talvez seja até um castigo merecido por algo que nós fizemos — falou o escudeiro.

— Meu amigo, eu não sei sobre o que você está falando, mas preciso sair daqui agora e gostaria muito que você viesse comigo. Nós nadamos juntos até a praia e, lá na floresta, a gente conversa sobre o que você está tentando dizer — falou o velho macaco.

— Não, meu amigo, eu acabei de descobrir que passei a maior parte da minha vida me dedicando à causa de alguém que não merecia nem um minuto da minha atenção. Eu sempre achei que estava fazendo a coisa certa, mais agora eu vejo a realidade, que não era bem assim como me mostravam; então, eu vou fazer o que eu acho certo agora, que é ficar aqui com o restante dos meus irmãos primatas que não vão conseguir fugir — explicou o escudeiro.

O macaco velho falou mais uma vez com o escudeiro.

— Amigo, precisamos fugir daqui agora, não há outro jeito.

— Eu não vou deixar nenhum macaco aqui — falou o escudeiro.

— Não existe mais nada que você possa fazer a esse respeito, você fez tudo que podia fazer, então agora precisa voltar para casa.

— Vá para casa, eu estou bem, e eu sei que a missão não falhou. Nós libertamos os papagaios, e eles estão livres e a essa altura já devem estar chegando em casa; libertamos os felinos, e muitos já estão chegando à praia, e muitos dos nossos irmãos também. Então agora só resta proteger os que não vão conseguir. Eu vou ficar aqui e vou me entregar aos humanos, assim, de alguma forma eu vou estar perto de todos os macacos que não conseguiram fugir; assim talvez eu possa guiá-los em uma nova tentativa. Quanto a você, vá agora e volte para o bando e para sua família e não se preocupe comigo, que eu ficarei bem.

— Amigo, foi uma grande honra conhecê-lo, mesmo por tão pouco tempo, e eu vou me encarregar de jamais permitir que a sua bravura seja esquecida por nosso bando, fica na paz.

O velho macaco tocou rapidamente no ombro do escudeiro e, assim que terminou sua fala, ele subiu no alambrado do navio o olhou durante alguns segundos para a praia a sua frente e em seguida pulou no embalo da corrente, que formaria uma onda que o levaria até a praia.

O escudeiro permaneceu parado com o filhote no colo e um macaquinho em pé ao seu lado, lhe tocando nas pernas, enquanto uma pequena onça corria em direção ao primeiro humano, que acabara de subir a escada externa do casco e adentrava a proa. Ela parecia querer brincar e dava as boas-vindas ao seu novo amigo, que acabava de chegar. O humano, por sua vez, olhava atentamente a sua volta e fazia gestos com os braços, autorizando a entrada dos demais ao mesmo tempo que ele pegou com uma das mãos a pequena oncinha e a prendeu em uma sacola de couro.

O escudeiro fiel acariciou calmamente o pequeno filhote de mico-leão-dourado, que acabara de adormecer em seus braços, e caminhou alguns passos, acompanhado por outro filhote que tinha ao seu lado. Parou em frente ao timão da embarcação e com uma mão ele o tocou. Seus olhos contemplaram os arranjos a sua volta e admiravam os instrumentos de navegação no recinto, e, nesse momento, ele refletia sobre a incrível capacidade de criação dos humanos e ao mesmo tempo procurava entender como a inteligência criativa e engenhosa conseguia andar tão em conluio com a maldade dentro do mesmo coração.

Momentos depois, ele sentiu uma rede sobre si e apenas se resignou enquanto era conduzido até uma jaula no interior da nau.

No mesmo instante, no interior da embarcação, Azedo finalmente havia acabado a sua diversão com as duas jovens e, no momento em que se aproximou da porta, ela se abriu antes mesmo de ele tocá-la, e vários humanos estavam ali no corredor e na porta, impedido sua saída e, alguns segundos depois, ele foi laçado por uma corda que lhe atiraram em volta do pescoço e minutos depois, foi conduzido até uma jaula, que agora estava trancada com a ajuda de nós de marinheiros completamente misteriosos.

Na centenária e enorme árvore que abrigava o ninho de Verdinho e Doroteia, uma grande revoada de papagaios acontecia, e muitos dos que estavam ali tinham acabado de retornar das gaiolas dentro do navio e outros estavam atrás de notícias de parentes e, em meio às conversas, alguém perguntou:

— Verdinho, o que está acontecendo afinal?

— Eu não sei ao certo, mas parece que os macacos foram até aquele enorme navio que está ancorado perto da praia e soltaram todo mundo.

Perto dali, onde começava a vegetação rasteira, Pablo e Eunice conversavam enquanto caminhavam à procura de Clarinha.

—Pablo, eu não sei como eu vou dar essa notícia para Clarinha.

— De fato, ela vai ficar arrasada. Eles estavam tão felizes juntos. É realmente uma tragédia sem sentido isso que aconteceu.

— A minha sobrinha nunca esteve tão feliz quanto agora, depois que se juntou com o Aníbal. Eu conheço essa menina desde o dia em que ela nasceu, eu estava lá, ao lado, ajudando no parto, e mais tarde, quando minha irmã morreu, eu fiquei ao lado da Clarinha, que ainda era um filhotinho, e eu gosto muito dessa capivarinha, e agora não sei o que vai ser dela.

Pablo e Eunice percorreram vários pontos próximos aos açudes que alimentavam a lagoa e, passadas algumas horas, eles finalmente avistaram Clarinha, que estava acompanhada de perto pelos quatro filhotes.

Ao verem Pablo e Eunice Se aproximando, os filhotes correram na direção da velha tia-avó, enquanto Clarinha caminhou calmamente para encontrá-los, e, ao se aproximar, ela foi logo perguntando.

— Oi, tia! Oi, Pablo, como vocês estão?

— Querida, nós viemos aqui... quero dizer, nós estávamos procurando você porque temos uma coisa muito desagradável para lhe dizer acerca do Aníbal — falou Eunice.

— O que foi, tia? O que o Aníbal fez dessa vez, nem me fale, deixa eu tentar adivinhar. Por acaso ele fez alguma grosseria com a senhora? Pode dizer, tia.

— Clarinha, não é isso não — falou Pablo, diante do silêncio de Eunice, que não conseguia responder a sua sobrinha.

Clarinha percebeu a expressão de tristeza nos olhos de sua tia e nas feições de Pablo e imediatamente concluiu que algo muito ruim tinha acontecido.

Os três ficaram ali em silêncio por alguns segundos e Clarinha, no fundo do seu coração, percebeu, mesmo sem lhe dizerem quaisquer palavras, que o grande amor de sua vida estava morto. Ela olhou para o chão, resignada; em seguida olhou para os seus quatro filhotes que brincavam a sua volta e respirou bem fundo para controlar a emoção.

Nenhuma palavra foi dita a partir daquele momento, acerca das circunstâncias da morte de Aníbal e, alguns minutos depois, Pablo, Eunice e Clarinha, junto com os filhotes, foram em direção ao interior do manguezal.

Naquele entardecer, houve uma grande alegria entre todos os animais que foram soltos. Embora o perigo parecesse estar por todo lado, eles retornaram aos seus lares e foram recebidos com muita felicidade em seus abrigos.

Capítulo 9

AS ÚLTIMAS HORAS DOS VISITANTES EM TERRA

No dia seguinte, era um sábado, o penúltimo dia dos visitantes antes da partida. Logo cedo, os macacos se reuniram para discutir os desdobramentos dos acontecimentos do dia anterior e, no início dos trabalhos, o velho Ancião assumiu a oratória do evento:

— Companheiros e companheiras, como vocês todos já sabem, ontem, Azedo e um grupo de mais nove macacos conseguiram chegar até aquela gigantesca embarcação e libertaram centenas de animais e milhares de pássaros.

Nesse momento, o bando de macacos gritava e ovacionava diante da fala do Ancião e ele continuou:

— Porém, infelizmente, dois dos nossos valorosos primatas não conseguiram retornar e acabaram capturados pelos humanos. E esses dois são justamente, Azedo e o seu fiel escudeiro. Eles agora estão sendo mantidos em cativeiro por esses humanos macabros e desprovidos de qualquer senso de respeito por nada.

Os macacos ali reunidos falavam entre si, ao mesmo tempo que prestavam atenção às palavras do Ancião.

— Nós não sabemos o que exatamente aconteceu ontem durante a invasão da embarcação, mas o Supremo Conselho já ouviu o relato dos oito primatas que foram até lá e conseguiram retornar, e todos dão conta de que a operação foi um sucesso, tudo saiu dentro do esperado. Contudo, o líder do grupo, ou seja, Azedo, que era o encarregado de orientar os animais a deixar a embarcação o mais rápido possível, em um dado momento, sumiu dentro do grande barco. Com isso, houve uma grande desordem, e ninguém sabia quem estava na liderança, e isso fez com que alguns voltassem para o interior do navio sem saber o que fazer. E, portanto, infelizmente, apesar do grande número de animais e aves que foram salvos ontem, perdemos alguns também, e esses que ficaram lá, provavelmente, vão ser levados embora em breve.

Nesse momento, os filhos de Azedo cobraram do Supremo Conselho alguma atitude para ajudar o pai deles.

— Anciãos, vocês têm que fazer alguma coisa, não podem simplesmente deixar isso para lá. Nós precisamos nos unir todos e ir até lá atacar esses visitantes e salvar o meu pai — falou o filho zero um de Azedo.

— Meu jovem, nós não somos assim, nós somos pacíficos e prezamos pela harmonia entre todos os seres, somos contra a violência em quaisquer de suas manifestações. O máximo que nós fazemos é nos defender quando nos atacam, mas, ainda assim, somente nos defendemos se estivermos encurralados sem ter para onde fugir. Então, eu sinto muito pelo seu pai e pelos outros também, mas nós somos da paz e não atacamos ninguém porque essa não é a nossa natureza — respondeu o Ancião.

— Então vocês não vão fazer nada? — insistiu o filho zero dois.

— Meu jovem, nós não podemos repetir a mesma operação de ontem, que foi idealizada pelo seu pai, pois não temos ninguém apto a liderar o grupo e ir até lá sorrateiramente libertar os outros; e isso está acontecendo porque Azedo foi o criador e comandante-chefe do exército. Contudo, ele esqueceu de selecionar e treinar um substituto, ele centralizou tudo em torno de si e dizem, inclusive, que todos os que começavam a despontar com uma certa visibilidade dentro do exército, Azedo imediatamente os rebaixava de posto e os substituía por novatos e, assim, ninguém conseguia ameaçar a liderança dele. Portanto, agora, nesse momento difícil, não temos nenhum primata em condições de liderar o grupo e, por isso mesmo, estamos decretando o fim do exército no nosso meio a partir de hoje.

Nesse momento houve uma grande euforia e os macacos de todas as raças, que ouviam o discurso, comemoravam aliviados a ótima notícia que acabaram de receber, e depois de alguns segundos, o Ancião continuou:

— Mas, que fique claro diante de todos, Azedo acabou se tornando um herói para todos nós, ele tinha lá seus defeitos, mas era um natural da terra. Ele sempre quis o nosso bem, e ele tentou do jeito dele e fez muita coisa errada, mas ele nunca imaginou destruir a floresta e nem os primatas, e ele foi um desequilibrado de bom coração e nós, do Supremo Conselho, resolvemos condecorá-lo com um título e, depois de avaliarmos tudo o que ele fez, ficamos divididos entre as fantasias, o imaginário, as quimeras o sonho e as utopias e, por fim, achamos um título que serve para ele perfeitamente que é o de mito, pois os mitos são maravilhosos em feitos extraordinários e ao mesmo tempo nada mais são do que uma mentira, exceto para os que acreditam nele. Portanto, a partir de hoje, Azedo será lembrado com um grande mito.

E o Ancião encerrou seu discurso e dispensou o bando, e todos seguiram seu rumo, relembrando os feitos do mito.

Naquela mesma tarde, os filhos de Azedo, ao perceberem que não teriam nenhum apoio por parte dos Anciãos, e que seu pai provavelmente não retornaria nunca mais para floresta, começaram a engendrar um plano de ação que seria executado a curto, médio e longo prazo. E, acompanhados de alguns dos dissidentes seguidores de Azedo, eles decidiram que a partir daquele dia, começariam a espalhar boatos sobre as mais diversas situações, sob a premissa de que, segundo eles, uma mentira repetida mil vezes acaba virando uma verdade, e o objetivo do grupo seria destruir o sistema vigente dos primatas por dentro; para isso, eles lançariam dúvidas e, principalmente, lançariam as sementes da discórdia e pregariam o ódio entre o bando, criando assim subgrupos dentro do bando, e os jogariam uns contra os outros. Ao mesmo tempo, se colocariam como os únicos capazes de resolver todas as desavenças e injustiças entre os primatas.

No meio daquela manhã, os pombos retornaram a terra para uma relato extraordinário e, segundo informaram: Noronha estava por demais revoltado com a fuga da aves e dos animais, e ele esbravejava aos seus subordinados que o prejuízo que tivera foi imenso e advertiu a sua tripulação de que de maneira alguma poderia retornar para sua terra sem levar alguns exemplares daqueles pássaros lindos e exóticos e deu ordens aos seus homens, ameaçando-os ao mesmo tempo e dizendo que eles ainda tinham aquele dia inteiro para conseguir o máximo possível de exemplares de aves, e de preferência, papagaios.

De maneira mais reservada, Noronha reclamava com seus auxiliares mais próximos, dizendo que, segundo suas estimativas, na última contagem que mandou fazer, ele já tinha aproximadamente 3 mil aves, quase uma centena de macacos e cerca de duas dezenas de felinos de pequeno porte em fase de crescimento e que agora, depois da fuga, restaram 6 macacos, 12 felinos e nenhum passarinho e nem papagaio.

Pela expectativa que Noronha fez, o lucro que ele esperava auferir com a venda de todas as cerca de 3 mil aves, 24 felinos e 96 macacos, seria talvez até mais do que conseguiria com a venda de toda aquelas 5 mil toras de madeira, e por isso ele estava visivelmente aborrecido, sem entender o que havia acontecido dentro da nau durante a sua ausência.

Sob as ordens do chefe, parte da tripulação desembarcou novamente e foi para floresta, levando consigo diversos alçapões e muitas iscas para capturar papagaios, e outra parte ficou trabalhando entre a feitoria e a embarcação, para acomodar as últimas toras de madeira a fim de iniciar a viagem de volta para a terra deles no dia seguinte.

Após fazerem seu relato, os pombos voltaram rapidamente para a nau e ficaram por lá, fingindo estar à procura de alimento, e sempre prestando atenção em tudo que ocorria a sua volta, para manterem todos bem-informados.

Em algum lugar dentro da mata fechada, Rosa alimentava seus filhotes e ao mesmo tempo já tinha a infeliz certeza de que Natan não voltaria mais, pois soube, por outros animais, que vários felinos e lobos haviam sido mortos na feitoria, e ela agora estava ciente de que teria de criar e proteger seus filhotes sozinha. O coração da jovem fêmea estava partido, mas ela tinha uma tarefa a cumprir nos próximos meses, que era alimentar, proteger e ensinar seus filhotes a caçar e a sobreviver e, mesmo sem a ajuda do parceiro, ela estava de certa forma feliz por ter aquela tarefa.

Poucos momentos antes do entardecer daquele sábado, os últimos visitantes deixaram a floresta e a feitoria e embarcaram no grande navio. Eles levavam consigo algumas aves que conseguiram capturar durante aquele dia, levavam também todo o seu aparato de armadilhas e redes, e poucos objetos foram abandonados na feitoria. E ao início do pôr do sol, todos já haviam embarcado.

Durante aquela tarde, Verdinho esteve ansioso, esperando sua companheira Doroteia retornar para o ninho. Porém, a penumbra da noite já tomava conta de tudo e ela nada de voltar para casa.

Capítulo 10

A PARTIDA

No dia seguinte, ainda de madrugada, quando apenas uma tímida luz de raios ultravioleta surgia por detrás do oceano, Verdinho deixou seu ninho e começou a percorrer a floresta por vários lugares à procura de Doroteia. Na noite anterior, ele passou em claro, sem conseguir dormir por conta da preocupação com o sumiço da companheira, pois aquela era a primeira vez, desde que os dois resolveram se juntar e formar uma família, que Doroteia havia passado uma noite fora do ninho.

Verdinho voava rápido e procurava com a máxima atenção, e a todos que encontrava pelo caminho, ele perguntava, mas ninguém havia visto sua companheira.

De repente, todos os animais começaram a ouvir um timbalear de sino vindo da grande Nau Bretoa, e, logo que sino parou, a gigantesca embarcação começou a navegar lentamente rumo ao horizonte. Os animais correram para a beira do litoral, para ver a partida tão desejada acontecer, e todos estavam aliviados com a retirada dos humanos brancos.

Verdinho pousou, já bastante desanimado, sobre um enorme coqueiro à beira-mar onde havia alguns micos-leões-dourados, que eram seus amigos de longa data, e logo que perceberam que o papagaio estava com um semblante descaído e um ar de preocupado; um deles logo perguntou:

— Verdinho, meu amigo, como você está? Nós todos sentimos muito pelo que aconteceu e queríamos que você soubesse que estamos aqui todos do seu lado nessa hora tão difícil — falou o mico-leão-dourado.

— Mas o que aconteceu? Vocês sabem de alguma coisa sobre a Doroteia? Eu passei a noite inteira em claro esperando por ela, e hoje estou desde muito cedo procurando em toda parte, e ninguém sabe e ninguém a viu. Se vocês sabem, por favor, me digam onde ela está e o que aconteceu.

Os micos se entreolharam e perceberam que Verdinho ainda não estava a par da situação, e logo um deles chegou perto do amigo e falou:

— Meu amigo, perdão, nós achamos que você já soubesse, é que, ontem à tarde, os humanos visitantes capturaram a Doroteia em uma daquelas armadilhas que eles usam e a levaram junto com outros papagaios para o navio deles no final da tarde.

Verdinho levantou a cabeça, arregalou os olhos, abriu as asas e nem mesmo respondeu aos seus amigos. Ele levantou voo em direção à nau que estava partindo mar adentro, com todas as suas velas içadas. Os micos gritaram para ele não ir atrás da embarcação, mas Verdinho ignorou e sem olhar para trás ele continuou seu voo desesperado atrás da companheira.

Quando alcançou a embarcação, Verdinho pousou sobre um dos cabos de sustentação das velas e, no mesmo instante, vários marujos começaram a olhar e apontar os dedos em sua direção e até mesmo Noronha veio ver com os próprios olhos o exótico papagaio, que, embora fosse predominantemente verde, tinha a barriga vermelha, o bico bem amarelo e a parte interior das asas em uma tonalidade azul. E os humanos olhavam extasiados para a beleza dele.

Depois de alguns minutos pousado e sendo observado pelos humanos, Verdinho percebeu toda a sua impotência diante daquela situação. A embarcação estava se distanciando da costa, e ele permanecia catatônico em cima do cabo de sustentação das velas.

De repente, uma velha gaivota chegou voando e pousou ao seu lado e em seguida falou com ele, tentando despertá-lo.

— Ei, ei, Senhor papagaio, vamos voltar para casa. Daqui a pouco vai ficar muito distante e aí será bastante cansativo e arriscado o voo de volta.

Verdinho, sem olhar para ela, respondeu:

— Eu não sei se tenho a intenção de voltar para casa, acho que vou ficar por aqui, é melhor você partir e me deixar sozinho.

— Olha, eu não sei o que aconteceu para você vir até aqui, mas seja lá o que for, se você ficar aqui, será uma atitude errada e sem volta, e vai acabar sendo preso por esses ladrões — disse a gaivota.

— Se você não se incomodar, eu quero ficar sozinho, será que não dá para perceber isso? Afinal, como você veio para aqui?

A gaivota notou que Verdinho estava extremamente nervoso e fronteiriço, e que era bem provável que ele estivesse pensando em tomar alguma atitude equivocada muito em breve. Ela então respondeu:

— Eu estava na praia vendo a partida do barco desses ladrões, quando vi você voar rápido nessa direção e ouvi aqueles micos que estão sempre com você nos coqueiros, gritando e pedindo para você não fazer isso; então, eu percebi que tinha algo errado acontecendo e vim aqui para ver se você está bem.

— Não, eu não estou bem. Esses humanos capturaram a minha companheira e agora eles estão indo embora com ela, e eu não tenho como ajudá-la e acho que vou ficar aqui em cima e ir com eles sei lá para onde — disse Verdinho.

— Senhor papagaio, eu sei que deve ser um sofrimento muito grande perder sua parceira, mas não há infelizmente nada que nós possamos fazer para ajudá-la. Portanto, precisamos voltar para casa agora antes que seja tarde — falou a gaivota.

— Olha só, eu não tenho mais nenhuma vontade de voltar para casa, eu estou sentindo uma angústia e um vazio muito grande e eu nem mesmo sei explicar o tamanho da minha tristeza, eu só sei que jamais vou conseguir superar isso; então, eu agradeço por você ter voado até aqui, mas pode ir agora, porque eu quero ficar sozinho, eu sei que a sua intenção foi boa, mas você jamais irá compreender o que eu estou sentindo — afirmou Verdinho, querendo despedir a gaivota.

— Senhor papagaio, o senhor por acaso sabe qual é o meu nome?

Verdinho estava em pé com a cabeça baixa, olhando para o convés do navio, que navegava lentamente, e, ao ouvir a pergunta da gaivota, ele levantou a cabeça e voltou-se para ela; em seguida tornou a abaixar a cabeça e olhar para o convés, e então respondeu.

— Me desculpe, mas eu não sei quem é você, acho que nunca nos conhecemos.

— Bem, senhor papagaio, o meu nome é Eneida, o senhor já ouviu falar de mim?

Verdinho imediatamente levantou a cabeça, virou-se para a gaivota, arregalou os olhos e respondeu com uma pergunta:

— Você é a Eneida?

— Isso mesmo, sou eu sim — ela respondeu.

— Puxa vida, eu lamento muito o que aconteceu com você. Eu confesso que infelizmente também participei do que fizeram com você e quando descobri que tudo o que foi dito era verdade, eu cheguei a procurar por você nas praias para me desculpar, mas nunca consegui te localizar e com o tempo eu acabei desistindo e... bem, agora que você está aqui diante de mim, eu te peço que me perdoe por ter duvidado das suas palavras e ter falado coisas desagradáveis a seu respeito — disse Verdinho.

— Senhor papagaio, fique tranquilo, há muito tempo eu já superei tudo que aconteceu e saiba que o senhor foi o único até hoje a me pedir perdão. Ninguém jamais veio até mim se retratar pelo que fizeram comigo. Mas a vida é assim, todos nós precisamos aprender a lidar com perdas e, principalmente, todos nós temos que aprender a praticar o perdão, que nada mais é do que aprender a se adaptar ao que o nome já significa, ou seja, uma grande perda. A perda e o ganho fazem parte da vida e são inevitáveis, não há como fugir disso e, quando aceitamos essa verdade, fica mais fácil seguir em frente.

— Eneida, como você conseguiu superar o que aconteceu no passado? — perguntou Verdinho.

— Senhor papagaio... — Nesse momento, Verdinho interrompeu a gaivota e falou:

— Não precisa me chamar de senhor papagaio, pode me chamar de Verdinho.

— Está bem, Verdinho, e, respondendo a sua pergunta, eu no começo apenas me adaptei a seguir em frente mesmo em meio a todas as dificuldades, a superação veio com o tempo. O tempo cura e, quando não cura totalmente, ele ao menos ameniza as coisas, ajudando a torná-las suportáveis. E no meu caso, foi isso que aconteceu. Mas agora, quando eu lembro do passado, eu acho que não mudaria nada, eu agiria da mesma forma como eu fiz, pois eu estava certa embora ninguém acreditasse em mim.

— É verdade. Você sempre esteve certa, mas, depois de tanto tempo, foram tantas aves e animais falando de você, que hoje ninguém sabe ao certo o que aconteceu, pois cada um que passou a fofoca à frente, aumentou, diminuiu ou modificou alguma coisa, então eu acho que a verdade se perdeu pelo caminho, pois a verdade sempre se perde quando existe a maledicência — afirmou Verdinho.

— Senhor papagaio, desculpe, Verdinho, eu sei a verdade e vou lhe contar o que aconteceu. Na primeira vez que os humanos brancos estiveram aqui, eu fui a primeira gaivota a pousar sobra a caravela principal deles e, uma vez lá, eu ouvi perfeitamente eles olhando para a montanha rochosa e a floresta e dizendo que aqui deveria ser uma terra sem dono e com muito ouro por todo lado, e que eles ficariam muito ricos. Eles comemoravam sorridentes o achado que haviam acabado de fazer. Quando viram alguns humanos nativos os observando da praia, eles nem titubearam e falavam que iriam matar a todos, e falavam isso sorrindo. E foi aí que eu percebi o quanto eram perigosos e malignos, e começaram e se preparar dizendo "Vamos mandar todos para o inferno". Mas de repente, quando a caravela deles se aproximou mais um pouco, eles perceberam que havia muitos humanos aqui, em vários pontos do litoral, olhando para eles. Aí, então, eles começaram a ficar precavidos e temerosos e, por fim, decidiram que ficariam ancorados ali mesmo e fizeram um sorteio para ver quem entre eles iria pegar um barquinho e iria até a terra fazer contato com os nativos e se apresentar como bons amigos e em paz. E foi isso que aconteceu, mas eu sempre soube que eles eram ladrões e assassinos, humanos desprovidos de qualquer caráter, e eu tratei de avisar a todos os animais. Porém, como naquela primeira vez, eles não fizeram nada. Eu fiquei desacreditada e todos me viraram as costas e começaram a me discriminar. E, para completar, teve uma arara chamada Azulona, que começou a dizer para todo mundo que ninguém deveria mais voar comigo porque eu era uma gaivota tóxica, e ela repetiu isso tantas vezes, que todos acabaram aderindo ao que ela falava, e eu acabei sendo discriminada e excluída da convivência entre as gaivotas e os albatrozes. Quando a minha juventude já havia ido embora e eu já estava entrando na minha melhor idade, é que aconteceu de os humanos voltarem e aí começarem a desmatar a floresta e matar e capturar animais e aves. Então, todos viram que eu estava certa desde o início. Alguns fingiram nem lembrar, mas muitos vieram me dizer que agora acreditavam, mas nenhum deles se retratou comigo, apenas me chamavam pra integrar o bando deles e voar junto, mas eu nunca aceitei, pois me acostumei a viver e voar sozinha. E foi isso que aconteceu, essa é a minha história. Então, Verdinho, se tem alguém que sabe o que é viver sozinha, esse alguém sou eu, e por isso eu posso te dizer: vamos voltar, supere isso, pois a vida sempre nos reserva muitas surpresas, e é por isso que nós temos que seguir em frente e ter muita, muita força sempre.

Verdinho olhou para gaivota por alguns segundo e depois falou:

— Minha nova amiga, eu vou retornar sim, mas, por favor, pode me aguardar um pouco? Eu preciso de um tempinho aqui sozinho.

— Claro que sim, eu espero, mas olha só, não consigo mais ver a terra daqui, agora só dá para ver a montanha rochosa, daqui a pouco ela some também, e aí talvez nós não consigamos mais saber em que direção voar para chegar na nossa casa e, se erramos o caminho... bem, você já entendeu, não é?

Eneida voou até o púlpito da proa e ficou esperando seu novo e único amigo ter um momento a sós. Verdinho permaneceu em silêncio por alguns instantes, lembrando de toda a sua jornada de vida ao lado de Doroteia e, em seguida, despediu-se silenciosamente de sua parceira e foi até Eneida. E os dois voaram de volta para a Pindorama, a terra dos papagaios.

Eneida e Verdinho foram os últimos animais a ver a gigantesca Nau Bretoa, que partiu levando 5.008 toras de pau-brasil, 40 indígenas, 12 felinos, 6 macacos e 15 papagaios, tudo produto de roubo.

Em terra, os humanos só deixaram o início do flagelo ambiental e as suas endemias espalhadas por entre os nativos.

Depois de um cansativo e longo voo de volta, ao se aproximarem da praia, Verdinho e Eneida notaram que uma multidão de animais estava lotando a orla, olhando para o mar, e eles começaram a se perguntar o que estaria acontecendo.

Quando estavam bem perto, quase chegando, os animais e aves começaram a festejar e, assim que pousaram, Verdinho percebeu que aquela recepção era para ele, pois todos pensavam que ele teria ido embora com o navio, por vontade própria, em função da tristeza e do desespero que teve, e esse boato se espalhou rápido, causando uma verdadeira comoção entre todos os animais.

Verdinho aproveitou a aglomeração em torno de si e começou a falar sobre a história de Eneida e da retratação que todos deviam a ela. Depois de algum tempo, vários animais já estavam na fila para falar um pouco e pedir perdão à velha gaivota.

Poucos instantes antes de a grande embarcação desaparecer na linha do horizonte, Rosa a observava, do alto de uma falésia, na companhia de seus filhotes. Ela ainda estava triste pela perda de seu parceiro e protetor e, no fundo de seu coração, ela era o único animal na floresta que torcia para que os humanos brancos voltassem, pois, em meio ao impacto da dor e da saudade, ela jurou a si mesma que não queria partir dessa vida sem antes sentir o sabor da carne branca de um humano. E assim que a embarcação não pôde mais ser vista, ela continuou a caminhar com seus filhotes e começou a ensiná-los as primeiras lições de sobrevivência.

Capítulo 11
A PROFECIA

Na manhã seguinte, o sol brilhava incandescente, cumprindo seu expediente natural, mas havia nuvens carregadas se aglomerando pouco a pouco em uma movimentação atípica pelos ares, mas, no chão, vida continuava acontecendo normalmente no mundo animal.

Pablo e Angelina chegaram caminhando vagarosamente e se juntaram ao bando de capivaras que pastavam na vegetação rasteira nas margens da tranquila praia, que agora estava praticamente deserta de humanos.

— Olá, minhas amigas, como estão as coisas por aqui? — perguntou Pablo.

— Pablo, que surpresa boa te ver por aqui nesse dia tão feliz — explanou Eunice, que logo foi se aproximando do amigo e estava acompanhada por sua sobrinha Clarinha, junto com os filhotes.

— Ah, minha amiga, vocês sabem que eu não consigo ficar longe desse bando por muito tempo, então eu sempre falo com a Angelina aqui: a vida é para ser vivida em bando, ficar sozinho não tem graça. Faz até mal. Ainda mais quando acontecem coisas boas, como agora, a partida desses bandidos brancos, isso é uma alegria enorme, mas, se você não tem com quem dividir a alegria, ela simplesmente deixa de existir; agora, se você tem com quem dividir, então na verdade você está multiplicando essa alegria. Ela aumenta cada vez que você divide mais — falou Pablo.

— Pablo, você é sempre bem-vindo, afinal você é o nosso professor de vida — falou Eunice.

— Pablo, é um prazer vê-lo outra vez, mas me responda uma coisa. Você acha que esses humanos ladrões e assassinos vão voltar novamente aqui? — perguntou Clarinha.

— Minha jovem, infelizmente eu tenho certeza de que sim, pois, para eles, a nossa terra é apenas uma coisa a ser consumida e explorada, eles parecem desconhecer o valor da vida e só lhes interessa arrancar riquezas a qualquer custo. Eles parecem não saber que a terra e tudo que está sobre ela está vivo e necessita de cuidado e preservação; para eles, basta o que podem lucrar no presente, mesmo que isso lhes custe caríssimo no futuro — respondeu Pablo.

— Pablo, eu fico muito triste em saber disso. Por outro lado, fico muito feliz em saber que você está sempre aqui, porque eu quero que meus filhotes estejam sempre perto de você, para que eles aprendam sempre e cada vez mais sobre todos os assuntos dessa vida — falou Clarinha.

— Minha jovem amiga, na verdade, todo professor é antes de tudo um bom aluno, e todo aluno e também um professor, basta que ele compartilhe tudo que aprendeu com a máximo de animais que ele consiga, pois o conhecimento é a maior arma que podemos ter para nos proteger, sendo também a única coisa que, uma vez adquirido, ninguém poderá roubar de nós — falou Pablo. E continuou: — Mas, Clarinha, agora, mudando de assunto, como está o seu coração depois do triste acontecimento da semana passada?

— Meu amigo, eu sinto muita saudade do Aníbal e sei que ele vai me fazer muita falta. Viver com ele foi a melhor experiência da minha vida, mas eu ainda tenho esses filhotes que ele me deixou, então, eu vou estar tão ocupada, que talvez nem lembre tanto que agora estou sozinha — respondeu Clarinha.

— Que bom, minha jovem, mas você sabe que esses filhotes vão crescer em algumas semanas e já vão cuidar de suas próprias vidas; então, por acaso você não pensa em arrumar outro companheiro para dividir a vida e não se sentir sozinha depois que seus filhotes crescerem?

— Pablo, o Aníbal é insubstituível, e ele se foi, então, eu jamais vou ter a mesma relação que tive com ele, com qualquer outro, mas eu continuo viva; então, quando aparecer algum macho interessado e interessante, se for do meu agrado, eu vou acasalar sim e vou acasalar muito, mas sem compromisso de me unir e viver junto. Eu não quero mais nenhum macho dividindo a minha vida, eu agora sou uma fêmea independente e dona do meu próprio nariz e, dessa forma, eu pretendo ter a oportunidade de acasalar com uma maior variedade de parceiros que eu ache atraente, mas sempre escolhendo o que eu acho o melhor para mim, e sem me unir em definitivo com nenhum. — disse Clarinha.

— Que bom que você pensa assim, Clarinha, é sinal de que você amadureceu, apesar de ser ainda tão jovem. Eu espero que você aproveite bastante a sua juventude, afinal de contas, o importante nessa vida é aquilo que se vive, todo o resto fica para trás, e só mesmo as nossas lembranças estarão sempre conosco, então, se elas forem boas e sem arrependimentos, melhor ainda.

— Pablo, eu sei que algumas capivaras provavelmente vão recriminar muito meu comportamento de não querer viver com um macho, mas eu estou disposta a me empoderar de mim mesma e não ceder às pressões, e é assim que eu quero viver — disse Clarinha.

— Clarinha, não ligue para o julgamento dos outros, a maioria que nos acusa de algo, é porque elas mesmas não tiveram a coragem de ser como nós, e por isso criticam. O nome disso é inveja, mas, por outro lado, se me permite uma opinião, eu acredito que você não deve descartar totalmente a hipótese de se juntar a um único parceiro, porque, se com um só já é difícil às vezes, imagina com vários. E ter um único parceiro não tira de você o empoderamento, pode até mesmo acentuar — falou Pablo.

— Bem, meu amigo, talvez eu esteja dizendo isso somente tentando esconder de todos e principalmente de mim mesma o sofrimento que estou vivendo agora. Quem sabe? A verdade sobre o que vai a acontecer, só o tempo dirá — falou Clarinha.

— Eu entendo, minha jovem, mas saiba de uma coisa: você nunca estará sozinha. Eu, a sua tia Eunice e todos os outros do nosso bando estamos juntos aqui e estaremos sempre do seu lado para vivermos os bons e os maus meus momentos — afirmou Pablo.

A conversa prosseguiu, e as antas e capivaras permaneceram na restinga conversando tranquilamente e por vezes relembrando de tudo que aconteceu desde a chegada dos primeiros visitantes até aquele dia e, durante toda aquela manhã, elas compartilharam a alegria de estarem agora vivendo em paz novamente em sua terra natal, mas, ao perceberem o vento aumentando sua força e também a chegada de nuvens carregadas que encobriram o sol, todas se despediram e foram para seus abrigos.

Um pouco antes de o tempo começar a virar, os macacos chegavam aos poucos para uma reunião especial convocada pela Supremo Conselho de Anciãos e bem perto dali, no enorme e centenário jacarandá, Verdinho estava prostrado e deprimido em seu ninho e, mais uma vez, ele se recordava da sua parceira que se foi, deixando-o só, com um imenso vazio da solidão.

Verdinho, em meio as suas recordações, ouviu um barulho de aves pousando no galho principal do jacarandá e, justamente na porta do seu ninho. Ele então pôs a cabeça para fora e viu um casal de jovens e frondosos papagaios acompanhados ainda dos filhotes, e o jovem papagaio falou:

— Oi, pai, eu sinto muito pelo que aconteceu com a minha mãe e eu espero que o senhor esteja bem, eu vim aqui para buscá-lo, nós queremos que o senhor vá conosco.

— Meu filho, obrigado pela visita de vocês, eu fico muito aliviado de ver vocês dois e de ver meus netos também, mas eu estou bem, só um pouco triste, mas um dia eu vou melhorar, podem ficar tranquilos, eu vou ficar por aqui mesmo, aqui é o meu lar — disse Verdinho.— Pai, eu estou muito triste também, mas temos que seguir em frente, não podemos nos entregar ao desânimo e à tristeza, precisamos insistir na vida sempre — falou o papagaio. E continuou: —Nós viemos aqui para levar o senhor conosco para o nosso lar. E nós vamos achar um ninho para o senhor perto do nosso, para ficarmos todos juntos.

Verdinho, ao ouvir o convite do seu filhote e de sua nora, olhou para os seus netos que estavam próximos na beira do galho e depois falou:

— Meu filhote, obrigado pelo convite, mas acho melhor eu ficar por aqui mesmo, foi aqui que eu vivi a minha vida inteira com a sua mãe e foi exatamente aqui nesse ninho que você e todos os seus irmãos nasceram. Então, agora que eu estou sozinho e já tenho uma certa idade, eu acho melhor ficar por aqui mesmo, onde eu posso viver as minhas recordações até o meu último dia.

— Pai, isso que o senhor está falando é muito compreensível, mas não é a coisa mais sensata a se fazer agora. A melhor atitude que o senhor pode ter nesse momento é vir morar perto de nós. O senhor ainda tem uma família, não precisa ficar aqui sozinho, esse lugar só vai lhe trazer saudosismo e melancolia e, com o passar dos dias, até as suas melhores recordações se converterão em tristeza e isso é péssimo.

— Meu filho, eu não sei não, eu já estou muito velho para mudar de ninho.

— Pai, deixa de ser teimoso. O senhor é um papagaio muito inteligente, sempre foi bastante comunicativo. Então, com certeza fará novas amizades muito rápido lá em volta do nosso ninho.

Nesse momento, a parceira do jovem filhote entrou na conversa e reforçou o pedido.

— Senhor Verdinho, todos os meus cunhados e cunhadas sabem que nós viemos aqui para buscá-lo e eles estão esperando o senhor chegar lá, para confraternizarmos todos juntos em família, e todos nós queremos ouvir as suas famosas histórias; então, vamos conosco, por favor!

Verdinho ainda relutou e ponderou por alguns minutos, mas logo em seguida concordou em abandonar o ninho e ir viver perto dos seus 32 filhotes, 32 noras e genros e 85 netos.

Mas, antes de ir, ele olhou demoradamente para o seu ninho e para sua árvore pela última vez e, antes de partir definitivamente, ele tirou algumas horas da tarde para ir até as palmeiras e coqueiros à beira do litoral e, lá chegando, se despediu dos seus amigos micos-leões-dourados.

Quase no meio da tarde, antes de a tempestade chegar, Verdinho levantou voo acompanhado por seu filhote, sua nora e seus netos e foi viver o resto dos seus dias em um novo lugar.

A essa altura da tarde, todos os macacos já estavam reunidos, e, como era de costume, o velho Ancião assumiu a oratória do bando.

—Meus queridos primatas, nosso clã vive agora um breve momento de paz, e eu digo isso, porque, como vocês sabem muito bem, a profecia é clara, e esses humanos pálidos e doentes vão voltar com certeza. Mas, antes de falar sobre isso, precisamos pontuar brevemente sobre alguns assuntos urgentes, pois parece que existem vários boatos mentirosos sendo espalhados entre o nosso bando, e isso é muito mau e nós ainda não sabemos de onde está vindo isso, mas estamos preocupados com essa situação e nós...

De repente, o velho Ancião foi interrompido por um mico, que perguntou, falando bem alto:

— Ancião, é verdade que o Supremo Conselho é a favor de praticar o abandono de filhotes no interior da mata?

E o Ancião respondeu:

— É claro que não, por que faríamos ou seriamos a favor de uma loucura dessas?

— Mas eu ouvi dizer que vocês fazem isso porque querem ter mais liberdade e menos responsabilidade em ter que conseguir alimentos para a prole e ainda ter que protegê-los dos predadores insistiu o mico.

— Não, isso não é verdade. Nós jamais iríamos abandonar nossos filhotes e jamais iremos apoiar uma atrocidade dessas — falou o velho Ancião.

Um outro macaco Muriqui levantou-se e afirmou:

— Mas nós defendemos os valores conservadores e tradicionais, e eu ouvi dizer que vocês, Anciãos do Supremo Conselho, costumam ser liberais demais diante de toda e qualquer situação e principalmente em se tratando de certos bandos minoritários.

— Bem, meu amigo, esse não é o momento certo para tratarmos desses assuntos — falou o Ancião.

Nesse momento, outro macaco afirmou:— Mas parece, pelo que eu ouvi dizer, que vocês do Conselho acham que os direitos individuais de um primata do bando são menos importantes do que o direito coletivo de toda a comunidade, e isso é um absurdo!

— Como eu acabei de dizer, esse não é um bom momento para falarmos sobre isso — disse o Ancião.

— Mas, Ancião, eu também ouvi dizer que vocês, do Supremo Conselho, acham que nenhum de nós tem direito de ocupar uma árvore e tê-la como moradia para si próprio e para sua família, e que nenhum de nós pode se considerar dono do nosso próprio abrigo. Eu não sei o nome que se dá a isso, mas eu sei de uma coisa: vocês estão muito enganados quanto a essa forma absurda de pensar —protestou o mico.

— Companheiros e companheiras, todas estas ideias, que estão surgindo no nosso meio, serão discutidas no seu devido tempo, mas de antemão eu posso lhes assegurar, que nada, ou quase nada disso corresponde à verdade. Por ora eu peço ordem e silêncio a todos, porque hoje é um dia muito especial, é o primeiro dia do resto de nossas vidas a caminho do fim dos tempos.

Nesse momento, a maior parte dos macacos fez silêncio. Apenas um pequeno grupo balbuciava entre si, contestando as palavras do velho Ancião. E ele, apesar de perceber que havia alguém entre os primatas disseminando mentiras e ideias errôneas sobre o sistema e a liderança, possivelmente querendo usurpar o poder através de factoides inventados para confundir a todos, ainda assim, mesmo diante da urgência em combater a praga da mentira, ele optou por continuar o discurso no que achava mais importante naquele dia. E continuou.

— Queridos símios, eu quero dizer a todos vocês no dia de hoje, que, haja o que houver, nenhum de nós pode jamais esquecer ou desprezar as palavras da profecia. Não importa quem esteja liderando os primatas, não importa qual seja a corrente de pensamento que vocês ou nós venhamos a adotar no futuro, nada disso terá importância quando esses humanos de pele alva retornarem.

Nesse momento todos, sem exceção, pararam para ouvir em absoluto silêncio as palavras do velho Ancião. E o silêncio só não era absoluto, porque o vento soprava forte sobre as árvores, fazendo com que os galhos chacoalhassem e perdessem milhares de folhas e frutos. Havia ainda alguns sapos, que, como sempre, coaxavam alto para impressionar as rás, tentando arrumar um acasalamento rapidinho antes de a chuva começar; havia ainda o voo apressado e o cântico de uma imensidão de pássaros, que batiam em retirada, apressados em fuga, buscando abrigo.

E quando o velho Ancião continuou a falar, todos os macacos levaram um susto e se arrepiaram com um enorme estrondo de um trovão que rompeu nos céus, mas, ainda assim, continuaram imóveis e reverentes, ouvindo o líder os guiar.

— Senhores primatas, as palavras da profecia que eu vos lembrarei agora devem ser ensinadas aos seus filhotes e aos filhotes dos seus filhotes, para que eles ensinem aos filhotes deles e, assim, todos saibam que essa palavra de revelação nos foi deixada pelo símio mais respeitável que já viveu nesta floresta. Ele foi um exemplo de amor, compreensão e compaixão e depois dele, nunca mais ouve outro igual ele. Portanto, nós o reverenciamos até os dias de hoje.

Enquanto o velho Ancião falava em meio ao silêncio de todos os macacos, muitos raios e trovões anunciavam que vinha chegando uma grande tempestade, mas, mesmo assim, nenhum macaco se ausentou de ouvir reverentemente a profecia. E o dia escureceu ainda no meio da tarde, e o Ancião continuou:

— Assim diz a profecia:

Aos meus amados e preciosos primatas de todas as raças, de todas os bandos e de todas as florestas.

Bem-aventurados os que ouvem as palavras desta profecia e guardam as verdades nela preditas, pois o tempo está próximo.

Haverá um dia em que chegará pelo mar uma classe de humanos bem diferentes dos nativos daqui.

Eles se apresentarão como bons amigos, mas trarão na sua face um sorriso hipócrita e, nas suas mãos, presentes sem valor; e, nas suas palavras, mentiras e lisonjas falsas.

Mas logo em seguida, eles começarão uma devastação impiedosa e irracional, como nunca vista antes, desde a fundação do nosso mundo.

Eles arrancarão do chão milhares de árvores e com isso farão a floresta sangrar, depois virão atrás das aves dos céus e dos animais da terra e os farão sofrer até o último suspiro. Centenas de espécies desaparecerão para sempre.

Eles começarão a trazer os seus iguais para cá, em quantidades cada vez maiores, e, por aqui, eles se multiplicarão aos milhares.

Eles trarão para cá, também, milhares de humanos iguais a eles e, que por terem a pele negra, os obrigarão a trabalhar pelo poder do chicote. E essa insanidade será o sinal de que essa espécie trará sobre si o Juízo Final.

Eles lançarão seus dejetos intratados nos rios, e os rios se tornarão como valas negras sem vida, e nem o mar escapará, pois haverá línguas negras avançando para as águas de dia e de noite.

Eles se envolverão em discórdias e conflitos e começarão a se matar uns aos outros. Haverá fome, abandono e miséria.

Eles vasculharão barrancos, encostas e até o leito dos rios, causando deformidades na natureza, à procura de uma simples pedra dourada.

E depois de muito tempo, eles começarão a escavar o chão e irão escavar até o assoalho dos mares, atrás de um líquido negro.

E, do líquido negro, farão um líquido amarelado e perigoso como o próprio fogo, e queimando o líquido, eles sujarão os céus com a fumaça preta.

Haverá chaminés por toda parte, lançando a fumaça preta até os céus eternamente.

E, depois de mais algum tempo, a partir do líquido negro, eles criarão uma substância com aparência inofensiva, mas, nenhum primata se engane, é a substância mais maldita de todos os tempos.

Uma substância que depois de criada e usada, levará centenas de anos para desaparecer.

A substância maldita vai fazer com que até os oceanos se transformem em um mar de sujeira.

Eles promoverão queimadas gigantescas em várias partes, e as florestas serão cada vez menores.

E finalmente, quando a natureza estiver cansada demais, ela se levantará furiosa e trará a vingança sobre todos.

O sol incandescente exercerá o juízo e castigará todo ser vivo.

As montanhas de gelo nas extremidades do mundo se desfarão.

O mar se aquecerá, e as marés subirão em todos os lugares, e as suas águas avançarão sobre todos os litorais.

E nunca mais haverá estações definidas, pois o clima será imprevisível; haverá tempestades devastadores em alguns lugares e secas intermináveis, em diversas outras partes.

E será essa mudança climática que trará os flagelos do Juízo final.

Deixo-vos a paz, a minha paz vos dou.

Que a paz esteja com todos vocês!

E assim que o velho Ancião terminou de recitar a profecia, a tempestade rasgou os céus.

Carlos Fernando Verne

www.ingramcontent.com/pod-product-compliance
Lightning Source LLC
Chambersburg PA
CBHW050526160726
48003CB00001B/478